RICK W █████ N

MÉTODOS
DE ESTUDIO
BÍBLICO
PERSONAL

RICK WARREN

MÉTODOS DE ESTUDIO BÍBLICO PERSONAL

Métodos sencillos, paso a paso,
para comprensión y
crecimiento personal.

Del autor de
UNA VIDA CON PROPÓSITO

La misión de Editorial Vida es ser la compañía líder en comunicación cristiana que satisfaga las necesidades de las personas, con recursos cuyo contenido glorifique a Jesucristo y promueva principios bíblicos.

MÉTODOS DE ESTUDIO BÍBLICO PERSONAL
Edición en español publicada por
Editorial Vida – 2005
Miami, Florida

Originally published in the USA under the title:
   Personal Bible Study Methods
   por The Encouraging Word
Copyright © 1981 Rick Warren
Published by permission of Zondervan, Grand Rapids, Michigan

Edición: *Rojas & Rojas Editores, Inc.*
Diseño de cubierta: *Grupo Nivel Uno, Inc.*
Diseño Interior: *Rojas & Rojas Editores, Inc.*

ISBN: 978-0-8297-4538-2

CATEGORÍA: Estudios bíblicos / General

IMPRESO EN ESTADOS UNIDOS DE AMÉRICA
PRINTED IN THE UNITED STATES OF AMERICA

24 25 26 27 28 LBC 77 76 75 74 73

HR 05 22 2024 1157

Contenido

A mi esposa *Elizabeth Kay*,
cuyas oraciones, apoyo y dedicación
a discipular
fueron un constante aliento mientras trabajaba en este libro.
Ella es un verdadero don de Dios.

Prefacio

Durante muchos años, cada vez que escuchaba un buen sermón o alguna enseñanza bíblica profunda, salía de la reunión asombrado, preguntándome: *¿Cómo le fue posible encontrar todo eso en el texto?* Anhelaba tener suficiente capacidad para descubrir esas verdades por mí mismo. Además, a menudo me sentía culpable porque la gente constantemente me decía que debía estudiar la Biblia, pero cuando intentaba abordarla, no sabía cómo hacerlo. Así que me desanimaba y me daba por vencido.

Desde aquellos días de frustración, he descubierto que la mayoría de los cristianos sinceramente quieren estudiar la Biblia por sí mismos, pero no saben cómo hacerlo. No necesitan más exhortaciones como «Deberías estudiar la Palabra de Dios», sino algunas instrucciones para lograrlo. Y ese es el propósito de este libro: ser un manual sobre cómo hacerlo. Asumo que ya sabe lo importante que es el estudio personal de la Biblia, que lo han exhortado muchas veces a que cumpla con este deber de cristiano y que ha estado esperando que alguien le enseñe el método preciso para llevarlo a cabo.

La Biblia nos enseña que no puede ser un discípulo de Jesucristo si no se nutre con regularidad de la Palabra de Dios. En una ocasión Jesús les dijo a sus seguidores: «Si se mantienen fieles a mis enseñanzas, serán realmente mis discípulos; y conocerán la verdad, y la verdad los hará libres». (Juan 8:31-32). Si mira hacia atrás en la historia de la iglesia cristiana, se va a encontrar con que el común denominador de cada gran hombre y cada gran mujer de Dios es que conocían las Escrituras y pasaban un tiempo regular y consistente con el Señor y su Palabra.

Nunca antes en la historia ha estado la Biblia tan disponible para el mundo occidental, y sin embargo nunca antes ha habido tanta hambre de la Palabra de Dios. Tenemos Biblias en hoteles, moteles, consultorios médicos, bibliotecas y en la mayoría de los hogares de los países del mundo occidental, pero la gente ignora lo que dicen las Escrituras. Vivimos tiempos de analfabetismo bíblico, incluso entre mucha gente del pueblo de Dios.

En este libro, cada método de estudio se presenta de tal manera que cualquier creyente en Cristo puede seguir los pasos sugeridos y ser capaz, *por sí mismo*, de obtener algún resultado de su estudio de las Escrituras. Confío en que su lectura, estudio y el uso de este libro harán de usted un útil discípulo del Señor Jesucristo, con instrucción bíblica, que trabaja en su iglesia local alcanzando con el evangelio a los perdidos y entrenando a los creyentes en el discipulado.

La exigencia del discipulado incluye un llamado a que hombres y mujeres se comprometan a seguir a Jesús. Crecemos como discípulos mediante la búsqueda en la Palabra de Dios como hábito de vida y su constante aplicación a nuestro diario vivir.

George Müller (1805–1898), director de una cadena de orfanatos en Bristol, Inglaterra, durante el siglo XIX, fue un hombre de fe y oración. Es asombroso leer las respuestas a las oraciones de este hombre en el trayecto de su larga existencia. ¿Qué fue lo que lo convirtió en un hombre de fe y oración? Durante su vida leyó la Biblia más de doscientas veces, y más de la mitad de esas lecturas las realizó de rodillas, orando basado en la Palabra y estudiándola con diligencia.

Cuando usted conozca bien la Palabra de Dios, podrá conocer la voluntad de Dios en cuanto a su vida. Cuando conozca la voluntad de Dios, podrá orar específicamente y obtener respuestas específicas.

Si preguntásemos en una reunión de la iglesia: «¿Cuántos de ustedes *creen* lo que dice la Biblia de tapa a tapa?», tal vez todos levantarían la mano. Sin embargo, si la pregunta fuese: «¿Cuántos de ustedes *la leen regularmente* de tapa a tapa?», quizá no viésemos tantas manos alzadas. Al parecer, es frecuente que se nos pueda acusar de estar más interesados en defender la Palabra de Dios que en estudiarla.

En una tarde típica, el promedio de los cristianos se sienta a ver televisión más de tres horas, pero a la lectura de la Biblia le dedica unos tres minutos antes de acostarse. ¡No en balde hay tanta inmadurez espiritual! Muchos cristianos son más fieles a las columnas periodísticas de sus chismes Ann Landers o a las páginas deportivas que a la Palabra de Dios. Sé que muchos inconversos no salen de sus casas por la mañana a menos que hayan leído su horóscopo. ¿Qué pasaría si los cristianos se comprometieran con el mismo vigor a leer su Biblia cada mañana antes de salir al trabajo, a la escuela o de compras? Esto cambiaría su vida y la de quienes los rodean.

El apóstol Pablo dijo algo muy importante acerca de las Escrituras. Le escribió a Timoteo:

Pero tú sigue firme en lo que aprendiste y de lo cual estás convencido. Ya sabes quiénes te lo enseñaron. Recuerda que desde niño conoces las Sagradas Escrituras, que pueden instruirte y llevarte a la salvación por medio de la fe en Cristo Jesús. Toda Escritura está inspirada por Dios y es útil para enseñar y reprender, para corregir y educar en una vida de rectitud, para que el hombre de Dios esté capacitado y completamente preparado para hacer toda clase de bien» (2 Timoteo 3:14-17).

Pablo nos da dos razones por las que debemos conocer las Escrituras. La primera es que podamos llegar a conocer a Jesucristo y recibir la salvación que nos ofrece (v. 15). Aprendemos acerca de él y de la redención a través de la Palabra. La segunda es que las Escrituras nos ayuda a crecer espiritualmente y nos capacita para cualquier cosa que Dios quiera que hagamos (v. 17). Los medios de alcanzar ese crecimiento son la enseñanza (doctrina), la reprensión, la corrección y la capacitación (v. 16). La enseñanza nos muestra la senda en que debemos andar; la reprensión nos señala dónde nos salimos de esa senda; la corrección nos enseña cómo regresar al camino recto; y la capacitación en la rectitud nos enseña cómo permanecer en ese camino. Esto significa que la Biblia es un completo manual para vivir la vida cristiana.

Casi al final del ministerio de Jesús, los líderes judíos intentaban atraparlo con preguntas difíciles acerca de la Ley. A una pregunta que los saduceos le habían planteado para atraparlo, Jesús les contestó: «Ustedes están equivocados porque no conocen las Escrituras ni el poder de Dios» (Mateo 22:29). Las dos causas básicas de las falsas doctrinas o errores las da Jesús aquí. La gente abandona las bases doctrinales porque no conoce ni la Biblia ni el poder de Dios. Todos los errores se originan en estas dos cosas.

Ante las corrientes de pensamiento que se levantan y la popularidad de ciertas sectas, falsas enseñanzas y filosofías no bíblicas, es imperativo que los cristianos fundamentemos nuestra vida en la Palabra de Dios para que podamos discernir el error de la verdad.

¿Por qué la mayoría de los cristianos no estudia la Palabra de Dios? Tal vez escuchemos muchas explicaciones, pero tres de ellas parecen ser las más comunes. La primera es que *la gente no sabe cómo hacerlo*. Esa fue mi situación durante muchos años. Concurrí a conferencias bíblicas, a retiros y a campañas y escuché buenas predicaciones. A menudo salía de las reuniones asombrado del penetrante análisis que diferentes oradores hacían de las Escrituras, y comencé a interrogarme: *¿Por qué yo no lo había entendido así?* Entonces intenté estudiar por mí mismo. Pero como nadie me había enseñado a hacerlo, me sentía frustrado por mi incapacidad. Sabía que Dios quería que yo estudiara su Palabra, así que me comprometí a aprender a hacerlo y a enseñarles a los demás a hacerlo también.

Si me encuentro a un hambriento al lado de un río, un lago o un océano, podría hacer una de estas dos cosas: tomar la vara y agarrar un pez y dárselo, y de ese modo satisfacer su hambre por algunas horas, o podría enseñarle a pescar y a satisfacer su apetito por el resto de su vida. La segunda opción sería, obviamente, la mejor manera de ayudarlo. De la misma manera, los cristianos hambrientos necesitan que se les enseñe la forma de alimentarse a sí mismos de la Palabra de Dios.

La segunda razón por la que las personas no estudian la Biblia es que *no se sienten motivadas*. Esto se debe a que no han experimentado el gozo que surge de un descubrimiento personal de las verdades de la Palabra de Dios. Sus pasados esfuerzos al estudiar la Biblia han sido infructuosos y terminan dándose por vencidos. Han llegado a sentirse satisfechos con obtener de otra persona lo que necesitan para sus vidas cristianas en vez de encontrarlo ellos mismos. En este punto quiero hacerle una advertencia acerca de este libro: si desea en verdad estudiar la Biblia por sí mismo, nunca volverá a estar satisfecho con un simple conocimiento de segunda mano de las Escrituras. El doctor Paul Little comparó en cierta ocasión el estudio de la Biblia con comer maní. Comenzará a hacerlo, ¡y luego no podrá detenerse! Cuando descubra qué bueno es el «sabor» del estudio bíblico, se encontrará yendo por más y más. ¡El estudio bíblico personal puede llegar a convertirse en un hábito!

La tercera razón por la que las personas no estudian su Biblia es que *son perezosas*. El estudio bíblico es un trabajo difícil, y no hay atajos para llegar a él. Es como todo en la vida que de veras es valioso. Requiere tiempo, esfuerzo, concentración y persistencia. Las más grandes verdades de la Palabra de Dios no yacen en la superficie. Hay que cavar para encontrarlas. Así como el oro solo se puede encontrar en el fondo de una mina o una perla en el fondo del mar, las verdades más profundas de Dios hay que buscarlas con gran diligencia.

Howard G. Hendricks, un bien conocido conferencista y erudito en educación cristiana, ha señalado tres etapas en las actitudes hacia el estudio bíblico:

- La etapa de «aceite de ricino», que es cuando estudia la Biblia porque sabe que es bueno para usted, pero no le produce mucho gozo hacerlo.
- La etapa del «cereal», que es cuando el estudio de la Biblia le resulta seco y poco interesante, pero sabe que es nutritivo.
- La etapa de «fresas con crema», que es cuando en verdad se da un festín con la Palabra de Dios.

En el mundo occidental vivimos en una sociedad cuya preferencia es tener gente que piense por nosotros. Por eso la televisión y otras formas de entretenimiento, incluyendo los deportes profesionales, son tan populares. Queremos relajarnos y que nos entretengan, sin tener que pensar ni hacer ningún esfuerzo. En el estudio bíblico, sin embargo, tenemos que aprender algunas técnicas, algunos métodos y luego concentrarnos y desenterrar los mensajes de Dios para nosotros.

El propósito de este libro es enseñarle cómo desenterrar los tesoros de la Palabra de Dios. Se requiere pensar con cierta seriedad, pero se ha hecho un esfuerzo para que el procedimiento sea sencillo.

A cada uno de los capítulos se lo encauzará de uno a doce métodos básicos de estudio bíblico personal. Para ser bien claros, cada capítulo seguirá el mismo formato básico. El formato incluye:

1. Un bosquejo condensado de cada método. Eso le permitirá poder tener una idea de cada método con un vistazo. Usted encontrará útiles estas ayudas siempre que necesite volver atrás para ver las secuencias de los pasos en algún método.

2. Una definición breve del método.

3. Una base lógica para cada método. Esto lo familiarizará con los beneficios y limitaciones de cada método.

4. El procedimiento de cada método. Esto le explicará de manera sencilla cada paso.

5. Un ejemplo de cada método (un formulario lleno).

6. Sugerencia de posibles pasajes o temas para que pueda iniciar su propio estudio.

Como cada capítulo es independiente de los demás, puede saltarse algunos mientras lee el libro, y optar por aprender primero los métodos que más le interesen. No obstante, con la excepción del número 12, estos métodos se presentan *de acuerdo con su grado de dificultad*. Hay una progresión lógica a través de todo el libro. Mientras avanza de capítulo en capítulo, adquirirá técnicas adicionales de estudio bíblico. Para obtener mejores resultados, debe dominar cada método en el orden dado antes de continuar con el siguiente. El capítulo 1, que trata sobre el método devocional de estudio bíblico, es *fundamental*. Usted debería leerlo y comprenderlo a la perfección antes de intentar practicar cualquier otro, ya que le enseñará cómo escribir una aplicación personal de las Escrituras, que luego empleará como paso final en la mayoría de los otros métodos.

Confío en que este libro se convertirá en una herramienta de consulta que mucho lo guiará durante toda una vida de estudio bíblico personal y al enseñar a otros a hacer lo mismo.

Cómo estudiar
la Biblia

Principios del estudio bíblico dinámico

El estudio bíblico dinámico no requiere magia. Una vez que usted entiende los principios básicos, es sencillo llevarlo a cabo. A continuación le nombraré cinco principios generales que deberá recordar, independientemente del método de estudio que esté usando.

1. *El secreto del estudio bíblico dinámico es saber hacer las preguntas adecuadas.* Los 12 métodos de estudio bíblico que presentamos en este libro exigen que se le hagan preguntas al texto bíblico. La diferencia principal de estos métodos son los tipos de preguntas que se hacen. La formulación de preguntas es una técnica que usted puede desarrollar. Al aumentar su pericia en el estudio bíblico, desarrollará el arte de plantear diferentes preguntas. Mientras más preguntas le formule al texto que esté estudiando, más sacará del mismo. Descubrirá que puede bombardearlo con un ilimitado número de preguntas. Uno de los beneficios de estudiar la Biblia es que podrá empezar a desarrollar una mente más inquisitiva. Descubrirá emocionantes conceptos que en el pasado se le habían escapado. ¡Le parecerá como si le hubiesen dado nuevos ojos! De repente, cada vez que tome su Biblia para estudiarla, nuevas verdades saltarán del texto hacia usted.

2. *En el estudio bíblico dinámico hay que escribir todo lo que se observe y descubra.* Usted no habrá entendido bien el texto bíblico mientras no haya podido poner por escrito los pensamientos que ha obtenido. No es posible estudiar la Biblia sin poner las observaciones por escrito. Esa es la diferencia entre la lectura de la Biblia y el estudio bíblico. En la lectura de la Biblia, usted simplemente lee una porción seleccionada de las Escrituras, mientras que en el estudio de la Biblia toma extensas notas. Dawson Trotman, fundador de Los Navegantes, solía decir: «Los conceptos se desenredan por sí mis-

mos cuando pasan a través de los labios y las yemas de los dedos». Si usted no ha vertido sus observaciones en un papel, en realidad no los ha meditado bien.

Este principio no es una verdad que concierna solo al estudio bíblico, sino también a muchos otros aspectos de la vida cristiana. La Asociación Internacional de Evangelismo, una organización cristiana que pone énfasis en hacer discípulos, ha producido herramientas de ayuda que llama *Mi agenda espiritual*, que mucha gente ha usado con mucho éxito. Entre sus divisiones incluye Devocional; Oración; Estudio bíblico; Memorización de la Escritura; Notas del sermón; Escuela Dominical; Diario espiritual; Tiempo de Pablo-Timoteo; Testimonio personal y Agenda personal (disponible en la Asociación Internacional de Evangelismo, apartado postal 6883, Fort Worth, Texas 76115). Una de las cosas más provechosas que puede hacer en su vida espiritual es empezar algún tipo de diario en el que pueda escribir pensamientos y reflexiones que Dios le haya dado.

Nada es más importante que tomar notas de su estudio bíblico personal. Si en verdad valora las pepitas de oro de las verdades que descubra, debe tomar notas de todo lo que desentierre de las Escrituras. Incluso si no ve nada en un versículo en particular, póngalo por escrito. Cada método de estudio bíblico en este libro tiene un formulario de estudio diseñado para que se use de tal manera que se tomen diferentes notas de lo que se está estudiando.

3. *La meta final del estudio bíblico dinámico es la aplicación, no solo la interpretación.* No deseamos fundamentar solo la comprensión; queremos que los principios bíblicos se apliquen a nuestra vida diaria. Dwight L. Moody, un gran evangelista y educador cristiano de una pasada generación, solía decir: «La Biblia no se nos dio para aumentar nuestro conocimiento, sino para cambiar nuestra vida». Se nos dio para cambiar nuestro carácter y conformarlo más a Jesucristo. Todos nuestros esfuerzos en el estudio bíblico carecen de valor si al final del análisis no cambiamos y llegamos a ser más como Jesús. No debemos ser «simples oidores de la Palabra», sino más bien «hacedores de lo que dice» (Santiago 1:22).

Es posible conocer la Palabra de Dios y no conocer al Dios de la Palabra. Una de las tragedias de nuestro tiempo es que algunos de los mejores eruditos de la Biblia son al mismo tiempo los más pobres ganadores de almas. Se debe a que dedican tiempo para escarbar y encontrar grandes tesoros de las verdades bíblicas, pero al parecer se han olvidado que uno de los mandatos de la Escritura es salir y hacer discípulos. Cuando aplicamos la Palabra de Dios en nuestra vida, también estaremos ávidos de cumplir con La Gran Comisión (Mateo 28:18-20).

Algunas de las preguntas que debe hacerse a sí mismo en su estudio bíblico son: ¿Qué actitud necesito cambiar como resultado de este estudio? ¿Qué necesito empezar a hacer o dejar de hacer? ¿Qué cosas necesito creer o dejar de creer? ¿Qué relaciones necesito desarrollar? ¿Qué ministerio debería tener con otros? Nuestra meta en todos los estudios bíblicos es conocer a Jesucristo y llegar a ser como él en nuestras actitudes, pensamientos, discurso, acciones y valores.

Cuando la Palabra de Dios cambia nuestra vida y nos hace más como Jesús, descubrimos cuál es el verdadero propósito de nuestra existencia, qué es el verdadero gozo y qué significa que Dios cambie el mundo a través de nosotros. La Gran Comisión se completa y se ganan almas cuando llegamos a ser como Cristo y hacemos su voluntad

Un pensamiento más: cuando usted empiece a estudiar la Palabra de Dios, no vaya con una actitud de encontrar alguna verdad que nadie más haya visto jamás. No estudie para encontrar algo con lo cual pueda impresionar a otros. Más bien vaya a la Palabra para encontrar lo que Dios quiere decirle. El verdadero problema para la mayoría de nosotros no tiene que ver con la interpretación de pasajes difíciles, sino con la obediencia a los pasajes que comprendemos.

4. *El estudio bíblico dinámico significa que la Palabra de Dios debe estudiarse en forma sistemática*. Un estudio asistemático de la Palabra de Dios es un insulto a la santidad de las Escrituras. Es una bofetada a la santidad de Dios, que nos ha dado esa Palabra. El estilo «cafetería», el método de «salto y chapuzón» o el de «qué voy a encontrar hoy» no producirá los resultados que Dios quiere que tengamos en nuestra vida. Lo que necesitamos es un plan de estudios sistemático, regular, como si fuésemos a través de un libro a estudiar una palabra, a analizar la vida de una persona, a estudiar un capítulo o a escoger otro método.

No debemos pasar por alto ningún pasaje o sección de la Biblia, porque el Antiguo Testamento es tanto Palabra de Dios como el Nuevo. En la actualidad es mucha la gente que no sabe gran cosa del Antiguo Testamento. Podrá ser motivo de vergüenza para algunos llegar al cielo y que Sofonías les pregunte: «¿Te gustó mi libro?» Puesto que *toda la Escritura* es inspirada por Dios» (2 Timoteo 3:16), necesitamos estudiarla toda de un modo sistemático (sugerimos un plan para un estudio sistemático en el Apéndice G).

Estudiar la Biblia es como ser un buen detective. Un buen estudiante de la Biblia sigue básicamente los mismos procedimientos que un buen investigador. Lo primero que hace un detective es salir y buscar pistas. No dice nada, no interpreta nada, no postula ninguna conclusión, sino que se limita a ver todos los detalles. Observa las cosas que otras personas por lo general podrían pasar por alto porque el detective está entrenado para observar. En segundo lugar, empieza haciendo preguntas sobre la base de lo que ha observado. En tercer lugar, después de una observación cuidadosa y de hacer preguntas, empieza a ensamblar las evidencias y a interpretar lo que tiene. En cuarto lugar, compara y establece una correlación, y junta todas las piezas de evidencias que ha encontrado, para ver cómo cada hecho se relaciona con los demás. Finalmente postula una conclusión y toma la decisión sobre lo que cree que en realidad ocurrió y quién estuvo involucrado.

Un estudiante bíblico serio sigue estos mismos pasos básicos cuando se acerca a la Palabra de Dios. El primer paso es *observar* los hechos básicos contenidos en el texto sometido a estudio. El siguiente consiste en *formular preguntas*, descubrir datos adicionales para hacer una observación más precisa. Tercero, empieza a *interpretar* y a analizar el significado del texto. Cuarto, empieza a *correlacionar* lo que ha descubierto con las demás verdades bíblicas que conoce; esto se hace mediante referencias cruzadas y comparando las Escrituras con las Escrituras. Al final establece una conclusión, *aplicando* a la vida, de una manera práctica, las verdades que ha estudiado (le estoy agradecido a William Lincoln por la ayuda que me dio respecto de la analogía del detective. Su libro *Personal Bible Study*, que publicó Bethany Fellowship, es una excelente introducción al método inductivo de estudio bíblico).

5. *En un estudio bíblico dinámico nunca agotará las riquezas de ningún pasaje de las Escrituras*. El salmista declaró: «He visto que aun la perfección tiene sus límites; ¡sólo tus mandamientos son infinitos!» (Salmo 119:96). Puede escarbar y escarbar en las Escrituras pero nunca tocará fondo. Salomón dijo: «Si los buscas como a la plata o como a tesoros escondidos, entonces comprenderás el temor del Señor y encontrarás conocimiento de Dios» (Proverbios 2:4-5). Pero la veta de la plata de Dios es inextinguible y sus tesoros no tienen fin.

Por esta razón, usted puede estudiar el mismo pasaje muchas veces, escarbar en él y luego volver después de tres o cuatro meses, y cuando regrese, aún habrá mucho por sacar. La clave es esta: ¡persevere! Recuerde que no hay límites al número de preguntas que puede plantear, y que tampoco hay límites a las observaciones que pueda hacer, ni límites a las aplicaciones que pueda llevar a cabo. Así que no se dé por vencido. La mejor actitud para tener un estudio bíblico es como el que tuvo Jacob cuando luchó con el ángel y le dijo: «No te dejaré ir si no me bendices» (Génesis 32:26).

El estudio bíblico no tiene atajos. Es un trabajo arduo, pero si es diligente y paciente, cosechará resultados a su debido tiempo. En cuanto sienta el gozo y la satisfacción que surgen de encontrar una gran verdad espiritual por usted mismo y la aplicación a su propia vida, descubrirá que el esfuerzo valió la pena. Así que, ¡sea constante!

Preparación de un estudio bíblico dinámico

No se apure en su estudio bíblico. Hacerlo seriamente demanda algo de preparación. A continuación le mostraré cuatro cosas importantes para así obtener los mayores beneficios de su estudio.

1. *Separe un tiempo para estudiar la Biblia*. Aparte un tiempo específico para hacer su estudio bíblico cada semana. Esto depende de cuánto tiempo quiere invertir para realizarlo. No exagere, pero tampoco se dé menos tiempo de lo debido. Si no aparta tiempo en su programa semanal, nunca hallará tiempo para hacerlo o será un estudio bíblico esporádico y de poca profundidad. *Usted tiene que separar tiempo para estudiar la Biblia.*

¿Cuán a menudo debe estudiar la Biblia? La respuesta puede variar de una persona a otra, pero un factor importante que uno debe tener en mente es la distinción entre su tiempo devocional y su tiempo de estudio bíblico. Usted debe tener su devocional todos los días. Por lo general el tiempo devocional varía entre un período de diez a treinta minutos, en los cuales usted *lee* la Biblia, medita unos cuantos minutos sobre lo que leyó, y pasa un tiempo en oración. El propósito de su tiempo devocional es tener comunión con Jesucristo (vea las instrucciones del Apéndice A para saber cómo tener su tiempo devocional).

No debe intentar profundizar en su estudio bíblico cuando tenga su devocional. Nada echará a perder más rápidamente su devocional que ponerse a hacer un estudio bíblico a fondo precisamente en el período de su devocional. Solo disfrute la presencia de Dios y su comunión con él.

En tanto que es mejor tener diez minutos de tiempo devocional cada día que una hora a la semana, lo contrario es exactamente lo más beneficioso respecto del estudio bíblico. No podrá realizarlo bien si lo hace a pedazos. Es mejor separar un período más largo (de dos a cuatro horas) que intentar estudiar un poco cada día. Así, mientras desarrolla sus habilidades para estudiar la Biblia, podrá pasar un poco más de tiempo en su devocional.

Tal vez el peor enemigo del estudio bíblico en la actualidad del mundo occidental sea la televisión. Si usted fuese un estadounidense promedio de dieciocho años, habría acumulado a lo largo de su vida alrededor de dieciocho mil horas viendo televisión. Los expertos afirman (encuesta aplicada a estadounidenses que alcanzan los sesenta y cinco años) que pasaron un promedio de nueve años y medio de su existencia terrenal viendo televisión.

¡Eso significa que una persona pasa 15 % de su vida frente a la televisión! (Estos datos fueron tomados de la empresa A. C. Nielsen, reportados en el artículo «¿Quién mira la televisión?», publicado en *U. S. News & World Report*, 12 de septiembre de 1977, página 23. Basados en cifras que representan el promedio semanal de horas que hombres y mujeres adultos, adolescentes y niños ven televisión en los Estados Unidos.)

Si, por otra parte, una persona ha ido a la Escuela Dominical regularmente, desde que nació hasta los sesenta y cinco años, solo habrá tenido un total de *cuatro* meses de enseñanza bíblica sólida. ¡No en balde hay tantos cristianos débiles en la sociedad occidental! Tenemos que disciplinarnos y tener un tiempo específico de estudio bíblico pase lo que pase.

Lo mejor que puede hacer es estudiar la Biblia cuando está en su mejor estado físico, emocional e intelectual, y cuando se encuentre en una situación que le permita no tener distracciones ni prisas. Ya sean sus horarios diurnos o nocturnos, es conveniente que elija los momentos de mayor lucidez. No debería tratar de estudiar cuando está cansado ni luego de ingerir una comida abundante. Intente dedicarse de lleno al estudio cuando está descansado y bien despierto.

2. *Tenga lista una libreta de apuntes.* Como lo hemos dicho anteriormente, no es posible estudiar la Biblia sin tomar notas de lo que haya observado. Cada método de estudio sugerido en este libro va acompañado de un formulario (que pueden ser solicitados a la Asociación Internacional de Evangelismo, apartado postal 6883, Fort Worth, Texas, 76115, o puede hacer sus propios formularios siguiendo las divisiones que se sugieren).

3. *Consiga las herramientas adecuadas.* En cada uno de los métodos de estudio hay una lista de obras de consulta que se sugieren y que necesitará para su estudio. Los métodos iniciales necesitan pocas o ninguna herramienta, mientras que los posteriores requieren un número mayor. Sería conveniente tomar en cuenta hacer una inversión para conseguir estas obras de consulta con el fin de tener una pequeña biblioteca personal de consulta. Hará una adquisición que le será sumamente útil el resto de su vida. Encontrará un comentario al respecto en la siguiente sección, con sugerencias para una biblioteca básica y una de mayor magnitud.

4. *Pase un tiempo breve en oración antes de cada estudio.* Para empezar, pídale al Señor que limpie su vida de todo pecado que él conozca y lo llene de su Santo Espíritu para que usted esté en su compañía durante el estudio. Esta es una ventaja que tiene al estudiar la Biblia como un libro de texto: tiene comunicación directa con el Autor mismo. Tiene el privilegio no solo de estudiar la revelación, sino al Revelador. Por lo tanto, procure estar bien con

Cristo antes de dedicarse a profundizar en su Palabra. El apóstol Pablo dijo que si usted está en la carne o es carnal, no puede entender las verdades espirituales (1 Corintios 2:10—3:4). Es muy importante estar bien con el Señor para poder comprender y aplicar su Palabra. Como alguien dijo, «necesitamos escudriñarnos el corazón antes de buscar en las Escrituras». Es necesario asegurarnos de que tenemos vidas rectas delante de Dios antes de intentar excavar en su Palabra.

En segundo lugar, ore que el Espíritu Santo lo guíe en su estudio. La mejor manera de entender la Biblia es hablar con su Autor. Memorice el Salmo 119:18 y órelo antes de cada estudio: «Abre mis ojos para que pueda ver las maravillas de tu ley». Pídale a Dios que le abra los ojos a su Palabra. En última instancia, si Dios Espíritu Santo no le abre los ojos para ver las verdades de su Palabra, todo su estudio habrá sido un esfuerzo inútil.

Seleccione las herramientas adecuadas para el estudio bíblico

Quizás una de las cosas que más se desconocen en el cristianismo es la disponibilidad de ayudas prácticas para el estudio de la Biblia. La mayoría de los cristianos no está enterada de la gran cantidad de excelentes obras de consulta que en la actualidad están disponibles para hacer posible un emocionante estudio bíblico. Esto es como si un carpintero que construye una casa no supiera que hay un martillo y una sierra a su alcance.

Los pastores deben informar a su gente de estos libros, porque el diablo se deleita en mantenerlos fuera de circulación. Mientras Satanás pueda lograr que los cristianos no estudien la Biblia por sí mismos, su trabajo será mucho más fácil. Un cristiano que no pasa tiempo regular cada semana en un estudio bíblico personal, estará tan débil que no podrá resistir las tentaciones del maligno. Un modo práctico en que los pastores pueden «preparar al pueblo de Dios para el servicio» (Efesios 4:12) es familiarizar a su gente con estas obras de estudio bíblico.

El propósito de las obras de consulta

Como cristianos que vivimos en el mundo occidental, tenemos la abundante ayuda de manuales diseñados para ayudarnos en nuestro estudio bíblico personal que hacen uso de los últimos hallazgos arqueológicos, el estudio de las palabras y la investigación de los grandes eruditos de la Biblia. Pero eso no significa que tales obras de consulta deban reemplazar a la Biblia, sino que son ayudas para que podamos estudiarla nosotros mismos. El estudio bíblico es una habilidad que necesitamos desarrollar. Las habilidades requieren, por lo general, el uso de algún tipo de herramientas. Los carpinteros necesitan martillos y serruchos; los pintores, pinturas y pinceles; los plomeros, llaves inglesas, etc. Del mismo modo, un estudiante serio de la Biblia querrá contar con las ventajas que proporciona el tener a mano obras de consulta para ayudarse en la investigación de las Escrituras con mayor eficacia. Una persona que intenta estudiar la Biblia sistemáticamente sin el uso de buenas herramientas se encontrará haciendo un trabajo tedioso y difícil.

Algunos cristianos temen llegar a depender demasiado de las obras de consulta y dudan en hacer uso de ellas. Incluso llegan a decir piadosamente: «Todo lo que necesito es la Biblia». Es verdad, pero las herramientas sugeridas en esta sección se diseñaron para ayudarlo a *adentrarse* en la Biblia. Usted debería echar por la borda el miedo de usar estas obras de consulta, porque en su mayoría estos libros representan estudios de toda una vida de hombres consagrados a Dios. Las enseñanzas que ellos recibieron del Señor pueden enriquecer su estudio bíblico y proveerle información acerca de la gente, los lugares y los eventos que no encontrará leyendo solo la Biblia.

Las herramientas

En esta sección veremos siete tipos de obras de consulta que se usan en los métodos de estudio bíblico que presentamos y explicamos en este libro.

1. *La Biblia de estudio.* Su primera y más importante obra de consulta es una buena Biblia de estudio. Algunas Biblias se adaptan más al estudio bíblico personal que otras. Una buena Biblia para estudiar debe tener una letra suficientemente grande para que pueda leerla por largos períodos sin que le cause dolor de cabeza el cansancio ocular. También debe tener buen papel, para que al hacer anotaciones la tinta no se trasluzca al otro lado de la página. Los márgenes anchos son de gran ayuda porque permiten tener espacio para hacer comentarios personales. Por último, una Biblia para estudiar debe tener un buen sistema de referencias cruzadas.

En la actualidad, tal vez debería elegir para estudiar la versión Reina-Valera 1960 porque la *Concordancia Strong*, que es la única concordancia exhaustiva que existe al presente, está basada en la Reina-Valera 1960. Es difícil buscar palabras en esta concordancia si usted suele usar una versión reciente como su Biblia de estudio.

Dos excelentes Biblias de estudio que recomendamos:

- *Biblia de Referencia Thompson* (Editorial Vida).
- *Biblia de Estudio Vida Plena* (Editorial Vida).
- *Biblia de Estudio NVI* (Editorial Vida)
- *Biblia de Estudio RVR-60* (Editorial Vida)

Estas Biblias de estudio representan largos años de estudio profundo e investigación, y una gran riqueza de ayuda material se encuentra en cada una de ellas. Si puede, le sugiero que compre ambas. Si no, entonces es preferible adquirir la *Biblia de referencia Thompson* en la edición de pasta dura. El doctor Charles Thompson invirtió más de 30 años para compilar su extenso sistema práctico de referencias cruzadas.

2. *Varias versiones recientes.* En los últimos años hemos visto la producción de muchas nuevas traducciones de la Biblia, de uso actual en el idioma español. Aunque cada traducción tiene sus puntos débiles, cada una hace una contribución única para un mejor entendimiento de la Palabra. Mucha gente que anteriormente solo estaba interesada en la versión Reina-Valera ha empezado a leer y estudiar con una Biblia de las más recientes traducciones. El gran beneficio que puede recibir de estas versiones es compararlas unas con otras durante su estudio. Los diferentes posibles significados y usos de una palabra pueden notarse al leer un versículo en diferentes versiones y observar las diferencias.

En la actualidad también están disponibles algunos textos bíblicos con edición paralela de diferentes versiones en columnas en un solo volumen. Esto le permite comparar traducciones rápidamente sin tener que diseminar 10 Biblias sobre su escritorio. Además de estas nuevas versiones, se han editado algunas bien conocidas paráfrasis del texto bíblico. Una traducción es más bien una traducción palabra por palabra de un idioma original; una paráfrasis es la traducción en que alguien expresa lo que cree que dice el original, lo que hace inevitable la presencia de algunas interpretaciones propias en algunos pasajes. La mayoría de las traducciones constituyen la obra de un grupo de eruditos, mientras que una paráfrasis por lo general es la obra de una sola persona. Las paráfrasis están bien para una ocasional y ligera lectura devocional, pero no deben usarse para un estudio serio de la Biblia. Para el estudio bíblico es conveniente usar una traducción fiel que goce de respeto.

Tres traducciones útiles y confiables son:

- *Nueva Versión Internacional* (Sociedad Bíblica Internacional), es una nueva traducción que se ha ganado aceptación en el breve tiempo que ha estado al alcance de la gente.
- *Dios Habla Hoy* (de las Sociedades Bíblicas Unidas).
- *La Biblia de las Américas* (The Lockman Foundation).

Hay otras buenas traducciones disponibles en la actualidad, así que elija aquella con la que se sienta más cómodo. Puede comenzar con dos o tres diferentes traducciones recientes de la Biblia.

Existe una conocida paráfrasis: *La Biblia al día* (conocida a veces como *Lo más importante es el amor*).

3. *Una concordancia exhaustiva*. Esta es una herramienta de suma importancia que estará empleando en el estudio de su texto bíblico. Es un índice de las palabras de la Biblia. Algunas Biblias tienen una breve concordancia al final, con una pequeña lista de las principales palabras y nombres. Una concordancia exhaustiva enumera el uso de cada palabra de la Biblia y da todas las referencias donde esa palabra aparece.

Existen la *Concordancia Completa NVI* (Editorial Vida) y la *Concordancia exhaustiva de la Biblia*, de James Strong (Editorial Caribe). Es un tomo grande y costoso, pero que vale hasta el último centavo que uno invierte en él. Necesitará una concordancia para todos los métodos de estudio que se exponen en este libro, con excepción de dos.

4. *Un diccionario bíblico*. Un diccionario bíblico explica muchas de las palabras, temas, costumbres y tradiciones de la Biblia, pero también proporciona información histórica, geográfica, cultural y arqueológica. Provee material de respaldo de cada libro de la Biblia y breves biografías de los personajes principales de ambos testamentos. Una enciclopedia bíblica es un diccionario bíblico ampliado, con artículos más extensos, que trata con grandes detalles mayores temas. Recomiendo los siguientes:

- *Nuevo Diccionario Ilustrado de la Biblia* (Wilton M. Nelson, Editorial Caribe).
- *Diccionario Bíblico Arqueológico* (Mundo Hispano/Casa Bautista de Publicaciones).
- *Nuevo Diccionario Bíblico* (Ediciones Certeza).

5. *Un manual bíblico*. Esta herramienta es una combinación de una enciclopedia y un comentario en una forma concisa. Se usa para obtener una referencia rápida mientras lee a través de un libro particular de la Biblia. En lugar de ordenarse por temas en forma alfabética, están diseñados para seguir el orden canónico de los libros de la Biblia. Proporcionan notas de respaldo, un breve comentario, incluyen mapas, planos, notas arqueológicas y muchos otros hechos útiles. Los que recomiendo son:

- *Compendio Manual de la Biblia de Halley* (Editorial Vida).
- *Manual Bíblico de Halley* (Editorial Vida) con la Nueva Versión Internacional.
- *Manual Bíblico Ilustrado (Editorial Unilit).*

6. *Estudio de palabras.* Los cristianos contemporáneos tienen el gran privilegio de poder aprovechar el trabajo de los eruditos bíblicos. Gracias a la disponibilidad de prácticas obras de consulta, escritas para el cristiano promedio, ahora uno puede estudiar las palabras originales de la Biblia sin saber nada del idioma hebreo o griego. Algunas personas se han pasado la vida investigando el significado exacto de las palabras originales, y luego han escrito acerca de ellas en un lenguaje sencillo y comprensible.

Una buena edición de estudios de palabras le dará la siguiente información: raíz del significado de la palabra hebrea o griega (su etimología), usos de la palabra a través de la Biblia, un ejemplo parecido de su uso en la literatura que no es bíblica en ese período histórico y la frecuencia con la que la palabra aparece en la Biblia.

Algunos de los más recomendados:

* *Diccionario de Hebreo Bíblico* (Editorial Mundo Hispano).
* *Léxico Concordancia del Nuevo Testamento en Griego y Español* (Casa Bautista).
* *Diccionario Expositivo de Palabras del Antiguo y del Nuevo Testamento de W. E. Vine* (Editorial Caribe).
* *Glosario Holman de Términos Bíblicos* (Broadman & Holman)

7. *Comentarios bíblicos.* Un comentario es una colección de notas explicativas e interpretaciones eruditas del texto de un libro particular de la Biblia o sección de la Biblia. Su propósito es explicar e interpretar el significado del mensaje bíblico mediante el análisis de las palabras que emplea y el trasfondo histórico, una introducción al estudio de la gramática y la sintaxis, y la relación de un libro en particular con el resto de la Biblia. Si se utiliza correctamente, un comentario puede aumentarle en gran manera su comprensión de la Biblia. Por lo general, no debería consultar un comentario sino hasta después de que haya hecho su propio estudio. No permita que nadie le quite el gozo de descubrir verdades bíblicas por su cuenta. Nunca consienta que la lectura de un comentario tome el lugar de su estudio bíblico personal.

Dado que los comentarios bíblicos los escriben seres humanos, son falibles. A veces algunos comentaristas de igual capacidad discrepan de su interpretación de los mismos textos bíblicos. La mejor manera de usarlos es comparar los hallazgos de uno con los de los autores de los comentarios, y descubrir si ellos tienen un sólido y evangélico aprecio de las Escrituras. Evite comprar y utilizar comentarios cuyos autores no consideran que la Biblia sea la Palabra de Dios.

Vienen en todo tipo de tamaño, y varían desde ediciones de un tomo hasta ediciones de varios tomos.

A continuación le presentamos algunos buenos y económicos comentarios:

- *Nuevo Comentario Bíblico Ilustrado* (Editorial Caribe).
- *Comentario Explicativo y Exegético de la Biblia Tomos I y II* (Casa Bautista).
- *Comentario Bíblico Moody Antiguo y Nuevo Testamentos* (Casa Bautista).

Biblioteca básica

Una persona que recién empieza su estudio bíblico personal debe obtener solo las herramientas necesarias para empezar. Para el estudio de la Biblia por los métodos que se presentan en este libro, la siguiente es una biblioteca básica:

1. Una Biblia para estudiarla
2. Dos versiones bíblicas recientes
3. Una concordancia exhaustiva
4. Un diccionario bíblico
5. Un manual bíblico
6. Un comentario bíblico en un tomo

Biblioteca más avanzada

A medida que vaya logrando habilidad en su estudio bíblico personal y se sienta más cómodo al usar las herramientas de su biblioteca básica, es posible que quiera empezar a aumentar el material de estudio con herramientas más avanzadas. Además de las siete obras de consulta anteriormente recomendadas, también sugerimos las siguientes:

1. Otras versiones adicionales y algunas paráfrasis
2. Una enciclopedia bíblica
3. Estudio de palabras
4. Comentarios de libros particulares de la Biblia
5. Un atlas bíblico
6. Estudios del Antiguo y Nuevo Testamento.

7. Algunos libros de interés personal, quizás alguno citado en la bibliografía

Conclusión

Al llegar aquí usted podría estar pensando: *¡Son un montón de libros!* Tiene toda la razón, pero piense en ellos como una inversión a largo plazo y en su vida espiritual. Muchos de los libros que usted compra los lee una sola vez y luego los pone en la biblioteca para que se llenen de polvo. La diferencia es que las obras de consulta las va a usar muchas, muchas veces en toda ocasión que estudie la Biblia, y pueden darle una vida entera de gozo. Si ha tomado en serio estudiar a fondo su Biblia, adquiera las obras de consulta sin tomar en cuenta su costo.

Empiece a ahorrar dinero para comprar estas herramientas y comience con una biblioteca básica. Si se propone como meta comprar un libro al mes, en un año tendrá una respetable y valiosa colección de obras de consulta. También podría pedir que fueran su regalo de cumpleaños o de Navidad. Un libro que use es un regalo que puede durar toda la vida.

Por último, anime a su iglesia a que establezca una sección de estudios bíblicos con obras de consulta en su biblioteca. La iglesia podría comprar las obras más caras, como las enciclopedias, estudios de palabras y comentarios y luego ponerlas a disposición de sus miembros. Tal vez podrían fotocopiar cada una de las obras que compraron.

Dado que la Biblia es la Palabra de Dios, el estudio bíblico debe tener la más alta prioridad. Con estas herramientas tendrá la capacidad de bucear en las Escrituras con más efectividad, en un esfuerzo importante que cambiará su vida.

Vista preliminar de los 12 métodos de estudio bíblico

En este libro se presentan y explican 12 métodos de estudios bíblicos ya puestos en práctica que lo capacitarán para que estudie la Biblia por sí mismo. Se presentan en orden de simplicidad y uso de las obras de consulta, empezando con las más fáciles y siguiendo con las más difíciles.

1. *Método devocional.* Seleccione una breve porción de su Biblia y en oración medite en ella hasta que el Espíritu Santo le manifieste la manera en que puede aplicar la verdad que le mostró en su propia vida. Escriba una aplicación personal.

2. *Método del resumen de un capítulo.* Lea un capítulo de la Biblia por lo menos cinco veces: luego escriba un resumen de la idea central que haya encontrado.

3. *Método de cualidades del carácter.* Escoja una cualidad de carácter que le gustaría adquirir para su propia vida y estudie lo que la Biblia dice al respecto.

4. *Método temático.* Elija un tema bíblico. Después piense en tres o cinco preguntas de las que le gustaría tener una respuesta. A continuación estudie todas las referencias bíblicas al tema que pueda encontrar y escriba las que contesten las preguntas que había elaborado.

5. *Método biográfico.* Seleccione un personaje bíblico e investigue todos los versículos que se relacionan con esa persona con el fin de estudiar su vida y características. Tome nota de sus actitudes, puntos fuertes y débiles. Después aplique en su propia vida lo que haya aprendido.

6. *Método de tópicos.* Reúna y compare todos los versículos que encuentre sobre un tema en particular. Organice sus conclusiones en un bosquejo que le permita compartir el estudio con otras personas.

7. *Método de estudio de palabras.* Estudie las palabras importantes de la Biblia. Investigue cuántas veces se menciona una palabra en las Escrituras y cómo se usa. Investigue el significado original de la palabra.

8. *Método de trasfondo de un libro.* Estudie lo relacionado con la historia, geografía, cultura, ciencia y problemas políticos en los tiempos bíblicos. Use libros de referencia bíblicos para aumentar su comprensión de la Palabra.

9. *Método de estudio de un libro.* Estudie todo un libro de la Biblia leyéndolo varias veces hasta obtener un panorama general del mismo. Estudie el trasfondo del libro y tome notas de su contenido.

10. *Método de análisis de un capítulo.* Domine el contenido de los capítulos de un libro de la Biblia echándole un vistazo en profundidad a cada uno de los versículos del capítulo. Desglose cada versículo palabra por palabra para poder observar cada detalle.

11. *Método de síntesis del libro.* Resuma los contenidos y los temas principales de un libro de la Biblia después de haberlo leído varias veces. Haga un bosquejo del libro. Este método se lleva a la práctica después de haber realizado el método de estudio del libro y el método de análisis de capítulos de cada capítulo de ese libro.

12. *Método de análisis versículo por versículo.* Este método selecciona un pasaje de las Escrituras y lo examina con lujo de detalles mediante preguntas, descubriendo referencias cruzadas y parafraseando cada versículo. Se escribe una posible aplicación de cada uno de los versículos que se estudiaron.

1
Método de estudio bíblico devocional

Cómo aplicar las Escrituras a la vida

¿Como vimos en la introducción, la meta final de todo estudio bíblico es su *aplicación*, no su interpretación. En vista de que Dios quiere cambiar nuestra vida por medio de su Palabra, es de suma importancia aprender a aplicar las Escrituras en nuestra vida antes de aprender cualquier otro método de estudio bíblico. De hecho, las técnicas que aprenderá en este capítulo deberán usarse en cada uno de los siguientes métodos de estudio. Independientemente del método que decida usar, al final de cada estudio deberá dar pasos prácticos para la aplicación de lo que el Señor le haya mostrado. (En este libro, cada vez que hablemos de la aplicación, regrese a este método para tener una explicación.)

Cuando use estas técnicas en sí mismas (y con ningún otro método), recuerde que se llama método de estudio bíblico devocional. Este es un sencillo método de estudio que puede usar en sus momentos devocionales.

Definición

El método de estudio bíblico devocional implica tomar un pasaje de la Biblia, extenso o breve, y meditarlo en oración hasta que el Espíritu Santo le muestre la manera de aplicar esa verdad a su propia vida de una manera tan personal, que sea práctica, posible y mensurable. La meta es que usted tome en serio la Palabra de Dios y sea «hacedor de lo que dice» (Santiago 1:22).

Por qué es importante la aplicación

La Biblia se nos entregó para mostrarnos cómo podemos tener una relación con el Todopoderoso y cómo podemos vivir en este mundo en sus caminos. Dios nos dio su Palabra para cambiar nuestra vida y ser cada vez más como

Jesucristo. El apóstol Pablo declaró que es útil para enseñar, reprender, corregir y capacitar al creyente en la vida de la justicia (2 Timoteo 3:16).

La Biblia es un libro práctico, porque tiene que ver con practicar una vida piadosa. Estudiar la Biblia sin una aplicación personal puede ser solo un ejercicio académico sin ningún valor espiritual. La Biblia se escribió para que la apliquemos a nuestra vida. De un modo sucinto, Howard Hendricks dijo: «¡Interpretar sin aplicar es lo mismo que abortar!» Quiero dejarle bien en claro que esa aplicación es necesaria en nuestra vida cristiana, que es una labor difícil, y que una buena aplicación es posible si seguimos algunos principios básicos.

Necesitamos aplicar la Biblia a nuestra vida

El estudio de la Palabra de Dios debe dirigirse a su aplicación a nuestra vida, con el resultado de que las Escrituras nos cambien para que nos conformemos más a la voluntad de Dios.

1. *Usted no puede conocer la Palabra de Dios a menos que la aplique en su vida.* Durante su ministerio, Jesús tuvo numerosos encuentros con los líderes religiosos de su tiempo. Estos eran principalmente fariseos, eruditos de la ley; escribas, religiosos expertos legalistas de la ley judía; y saduceos, miembros liberales de la sociedad judía en los tiempos de Jesús. En una ocasión los saduceos, que no creían en la resurrección de los muertos, le hicieron a Jesús para tratar de atraparlo.

Su respuesta es de veras interesante. Les dijo: «Están en un error porque no conocen ni las Escrituras ni el poder de Dios» (Mateo 22:29). Los saduceos tenían un conocimiento intelectual de las Escrituras judías (nuestro Antiguo Testamento), pero no aplicaban sus principios a su vida personal.

Usted puede ser una enciclopedia bíblica ambulante y tener la cabeza atiborrada de información bíblica, pero eso no le hará ningún bien a menos

Pimer paso:	Ore pidiendo que Dios le revele cómo aplicar el pasaje
Seguno paso:	Medite en los versículos que escogió estudiar
Tercer paso:	Escriba una aplicación
Cuarto paso:	Memorice un versículo clave de su estudio

que la aplique de manera práctica en su diario vivir. Si estudia la Palabra de Dios y no hace ninguna aplicación de esta en su propia vida, no será mejor de lo que eran los fariseos y saduceos del tiempo de Jesús. Uno no conoce las Escrituras hasta que las pone en práctica.

2. *Estudiar la Palabra de Dios puede ser peligroso si simplemente la estudia sin aplicársela.* El estudio de la Biblia sin aplicación puede ser peligroso porque el conocimiento nada más envanece. El apóstol Pablo dijo: «El conocimiento envanece, pero el amor edifica» (1 Corintios 8:1). La palabra griega que se traduce «envanece» da la idea de inflarse con un orgullo que se transforma en arrogancia. La Biblia enseña que el diablo conoce la Palabra intelectualmente (lo puede ver en la tentación de Jesús, Mateo 4:1-11), y también sabemos que él está inflado con orgullo y arrogancia. Cuando usted aplica correctamente la Palabra de Dios en su vida, elimina el peligro de inflarse de orgullo.

El estudio de la Biblia sin aplicación puede ser peligroso, porque el conocimiento requiere acción. Lo que un hombre sabe debería expresarse en lo que hace. Santiago declara: «No sean solo oidores de la Palabra, y no se engañen a sí mismos. Practiquen lo que dicen» (Santiago 1:22). Los mandamientos de Dios no son opcionales. Él nunca dijo: «Disculpe, ¿podrías tomar en cuenta esto?» Fue una orden: «¡Hazlo!», y se espera que obedezcamos.

En el Sermón del Monte, Jesús comparó a un discípulo obediente con un sabio: «Por lo tanto, el que escucha mis palabras, y las pone en práctica [acción] es como un hombre sabio que construyó su casa sobre la roca» (Mateo 7:24). «Cuando vinieron las pruebas de la vida, el hombre sabio permaneció firme, mientras que el hombre tonto, el que no practicó lo que sabía, se derrumbó» (Mateo 7:25-27).

A David se le conocía como un hombre conforme al corazón de Dios porque aplicaba la Palabra a su vida y practicaba lo que sabía. El salmista escribió:

«Me puse a pensar en mi conducta y volví a obedecer tus mandatos. Me he dado prisa, no he retardado en poner en práctica tus mandamientos» (Salmo 119:59-60, DHH). Usted necesita poner en práctica lo que sabe.

Estudiar la Biblia sin aplicarla puede ser peligroso porque el conocimiento aumenta la responsabilidad. Si toma en serio el estudio de la Biblia, tendrá más responsabilidades que la persona promedio, porque con conocimiento añadido viene responsabilidad añadida. Santiago escribió: «Si ustedes saben hacer lo bueno y no lo hacen, ya están pecando» (Santiago 4:17, BLS). Un conocimiento más profundo de las Escrituras acarrea un castigo más fuerte sobre usted si no se las aplica. Cuando empieza a estudiar la Biblia,

Dios empieza a mostrarle aspectos de su vida que necesita cambiar y lo llama a una responsabilidad mayor. Así que si no piensa aplicarse las lecciones que aprenda de su estudio bíblico, ¡sería mejor que no estudie la Biblia! ¡Solo estará amontonando más juicio sobre usted!

A John Milton, un gran poeta cristiano, se le atribuye el dicho: «El objetivo de todo aprendizaje debe ser conocer a Dios y, junto con ese conocimiento, amarlo y ser como él». La suma de lo que estamos hablando respecto de la aplicación de nuestro estudio de las Escrituras es que debemos conocer a Dios, amarlo y luego ser como él.

La aplicación es un trabajo difícil

¿Por qué es tan difícil aplicar las Escrituras a nuestra vida? Parecería que aplicar la Biblia fuese algo más que sencillo, pero en realidad es la parte más difícil del estudio bíblico. La aplicación no sucede por accidente. Tenemos que planearla. La dificultad de aplicar las Escrituras a nuestra vida tiene tres motivos: exige la reflexión, el diablo lucha con nuestros vicios y por naturaleza nos resistimos al cambio.

1. *La aplicación es una labor difícil porque exige una seria reflexión.* A veces lleva largos períodos de meditación (concentrarse y tener pensamientos piadosos) antes de poder aplicar una verdad de las Escrituras que hayamos estudiado. A veces habrá que buscar debajo de una regla temporal para encontrar un principio eterno en el texto. Todo esto lleva tiempo y concentración, que bien puede hacernos vacilar.

2. *La aplicación es difícil porque Satanás lucha ferozmente contra ella.* Los más fuertes ataques del diablo a menudo se desatan en su devocional, cuando usted intenta aplicar lo que ha estudiado. Satanás ya sabe que mientras nos contentemos con tener conocimiento intelectual de la Palabra, no representaremos ningún peligro para sus planes. Pero tan pronto como tomamos en serio introducir algunos cambios en nuestra vida, luchará contra usted con dientes y uñas. Aborrece a los hacedores de la Palabra. Él nos va a permitir estudiar la Biblia todo cuanto usted y yo deseemos, siempre y cuando no nos preguntemos: «¿Y ahora qué voy a hacer con todo lo que he aprendido?»

3. *La aplicación es difícil porque por naturaleza nos resistimos a cambiar.* A menudo no tenemos deseos de cambiar, que es lo que una verdadera aplicación exige. Vivimos más por emociones que por voluntad porque nos contentamos con permanecer tal como estamos. Escuchamos a los cristianos decir que no sienten deseos de estudiar la Biblia, que no sienten deseos de orar, y que no sienten que les guste testificar. Los deseos que uno sienta no tienen nada que ver con vivir la vida cristiana, porque los sentimientos van y

vienen. La clave de la madurez espiritual es vivir para Jesucristo, no porque nos sintamos bien, sino porque sabemos que eso que hacemos es lo correcto. He descubierto que si solo estudio la Biblia, oro o testifico cuando tengo deseos de hacerlo… ¡el diablo procurará que nunca sienta el deseo de hacerlo!

Usted aplica la Palabra de Dios a su vida no porque tenga deseos de hacerlo ese día o semana, sino porque sabe que Dios se lo solicita. La aplicación del estudio bíblico es un acto voluntario encaminado a la madurez y a establecer fundamentos para su estabilidad en su vida cristiana.

Cuatro pasos para una aplicación práctica

Cuando tenga su estudio bíblico devocional siga cuatro pasos sencillos. Estos pasos pueden resumirse en las palabras orar, meditar, aplicar y memorizar.

Primer paso: Ore que sepa aplicar ese pasaje

Pídale a Dios que lo ayude a aplicar el pasaje que está estudiando y le muestre de manera precisa qué quiere que haga. Usted ya sabe que Dios quiere que haga dos cosas: que obedezca su Palabra y le hable a otros de ella. En su oración dígale a Dios que está listo para obedecer lo que él le muestre y que está dispuesto a hablarles a otros de esa aplicación.

Segundo paso: Medite en los versículos que escogió para estudiar

La meditación es la clave para descubrir cómo aplicar pasajes bíblicos a su vida. La meditación es esencialmente una digestión mental. Tome un pensamiento que Dios le dé, póngalo en su mente y piense muchas veces en él. Meditar es como rumiar, que es lo que una vaca hace cuando vuelve a masticar lo que ya ha comido. Come algo de hierba y la envía al estómago. Luego se acuesta, la regurgita, la mastica y la vuelve a tragar. Este proceso digestivo se repite tres veces. Meditar las Escrituras es leer un pasaje de la Biblia, y concentrarse en él de diferentes maneras. A continuación le presentamos varias formas en las que usted puede meditar un pasaje de las Escrituras:

Visualice la escena narrada. Póngase en la situación bíblica e imagínese que es parte activa de la escena. Si está leyendo los libros históricos del Antiguo Testamento, los Evangelios o el libro de los Hechos, imagine que es parte del contexto histórico. Pregúntese cómo se sentiría si estuviera en esa situación. ¿Qué diría? ¿Qué haría?

Si estudia Juan 4, por ejemplo, imagínese que está a la derecha de Jesús, con la mujer en el pozo, con los discípulos y los habitantes de Sicar. ¿Cómo se sentiría si *usted* fuera la persona a la que Jesús le pide agua para beber en el pozo que estaba cerca de Sicar? ¿Cuáles serían *sus* emociones si fuese uno de los discípulos que presenciaron este incidente?

Otro ejemplo es imaginarse que usted es el apóstol Pablo en prisión y que escribe la carta conocida como 2 Timoteo. Imagínese que está en una cárcel de Roma condenado a muerte, a la espera de su ejecución, abandonado, y que todos excepto Lucas lo han abandonado. Sienta la soledad que Pablo debe haber sentido cuando escribía, pero también sienta el triunfo que debe haber sentido cuando escribió: «He luchado la buena batalla, he acabado la carrera, he guardado la fe» (2 Timoteo 4:7). Cuando uno visualiza una escena, las Escrituras cobran una excepcional y viva realidad.

Enfatice las palabras del pasaje que está estudiando. Lea varias veces en voz alta un versículo, haciendo hincapié en diferentes palabras cada vez que lo lea y vea los nuevos significados que se le revelan. Por ejemplo, si está meditando en Filipenses 4:13, podría destacar las palabras como le mostramos a continuación:

TODO lo puedo en Cristo que me fortalece.

Todo LO puedo en Cristo que me fortalece.

Todo lo PUEDO en Cristo que me fortalece.

Todo lo puedo EN Cristo que me fortalece.

Todo lo puedo en CRISTO que me fortalece.

Todo lo puedo en Cristo QUE me fortalece.

Todo lo puedo en Cristo que ME fortalece.

Todo lo puedo en Cristo que me FORTALECE.

De esa manera encontrará ocho diferentes significados de este versículo cuando destaque en voz alta las palabras que lo componen cada vez que lo repita.

Parafrasee el pasaje que está estudiando. Tome el versículo o pasaje que está estudiando y dígalo con sus propias palabras. Cuando piense en él, use palabras contemporáneas y frases que expresen las verdades bíblicas eternas. *La Biblia al día* es un ejemplo de paráfrasis de las Escrituras.

Personalice el pasaje que está estudiando. Lo puede hacer poniendo su nombre en lugar de los pronombres o sustantivos que usan las Escrituras. Por ejemplo, podría leer Juan 3.16: «Porque de tal manera amó Dios a Rick Warren que ha dado a su Hijo Unigénito, para que Rick crea en él y no se pierda, sino que tenga vida eterna».

Hay nueve preguntas que si las memoriza las tendrá a su disponibilidad siempre que quiera meditar en un pasaje. Estas preguntas son:

- ¿Tengo algún pecado que deba confesar? ¿Necesito restituir algo?
- ¿Puedo apropiarme de alguna promesa? ¿Es una promesa universal? ¿Tengo que reunir ciertas condiciones?
- ¿Debo cambiar de actitud en algo? ¿Tengo disposición a trabajar o tengo una actitud negativa y debo empezar a construir una positiva?
- ¿Hay aquí algún mandamiento que debo obedecer? ¿Estoy dispuesto a obedecer sin importar cómo me sienta?
- ¿Encuentro aquí algún ejemplo a seguir? ¿Es un ejemplo positivo para que yo lo imite o uno negativo que debo evitar?
- ¿Hay alguna petición que debo elevar? ¿Hay algo que necesito insistir en oración?
- ¿Hay algún error que tenga que evitar? ¿Hay algún problema del que deba estar alerta o del que deba cuidarme?
- ¿Hay alguna verdad que deba creer? ¿Qué es lo nuevo que puedo aprender de Dios el Padre, de Jesucristo, del Espíritu Santo o de otra enseñanza bíblica?
- ¿Hay algún motivo para alabar a Dios? ¿Hay aquí algo que deba agradecer?

Repita el versículo o pasaje como una oración. Ponga el pasaje que está estudiando en primera persona del singular, conviértalo en una oración y elévelo a Dios. El libro de los Salmos es un buen ejemplo de esta forma de meditación. En cierta ocasión Bill Gothard dijo que David había memorizado la ley de Dios, luego la había personalizado y elevado a Dios en forma de salmos. Se puede ver un ejemplo de este método de meditación en el uso de los primeros tres versículos del Salmo 23.

«Gracias, Dios, porque eres mi pastor y nada me falta».

«Te agradezco que me des descanso en verdes pastos, por guiarme a orillas de aguas de reposo y por restaurar mi alma».

«Te agradezco que me guíes por sendas de justicia por amor a tu nombre».

¿Cuál de estos métodos debería usar en su meditación? El que mejor se ajuste a lo que está estudiando o una combinación de todos. Si está estudiando el libro de los Proverbios, por ejemplo, se le podría dificultar visualizar una escena, pero puede poner énfasis en las palabras y elevar a Dios en oración algunas de las enseñanzas.

Tercer Paso: escriba una aplicación

Escriba una aplicación de lo que ha descubierto en su meditación. Escribir su aplicación en un papel lo ayudará a ser específico. Si no lo pone por escrito, pronto lo olvidará. Esto es más necesario aun cuando trata de verdades espirituales. Si no lo vierte sobre un papel, en realidad no lo ha pensado bien. Está demostrado que si uno lo escribe lo recuerda más tiempo y puede expresar mejor a otros lo que ha aprendido.

Debe recordar cuatro factores al escribir una buena aplicación.

1. Su aplicación debe ser *personal*. Debe escribirla en primera persona de singular: Cuando la escriba, use siempre los pronombres personales «yo», «me», «mí» «mío».

2. Su aplicación debe ser *práctica*. Debe ser algo que pueda hacer. Planee el curso definido de acción que desea seguir. Diseñe un proyecto personal que lo anime a ser un«hacedor de la Palabra». Elabore sus aplicaciones lo más específicamente posible. Hacer generalizaciones vagas pueden hacerlo sentirse impotente y producir muy poca acción.

3. Sus aplicaciones deben ponerse en práctica. Deben ser algo que sepa que puede cumplir; si no, caerá en el desánimo.

4. Su aplicación debe ser *comprobable*. Debe establecer algún tipo de comprobación para revisar su progreso en lo que está haciendo. Tiene que ser medible para que pueda saber lo que ha estado haciendo. Esto significa que tiene que establecer alguna clase de tiempo límite para ponerla en práctica.

El ejemplo siguiente de estos cuatro factores está tomado de Eclesiastés 6:7. Leemos en el pasaje: «El hombre trabaja y trabaja para comer, pero nunca se satisface». A continuación presentamos cómo se pueden ver los cuatro factores en la aplicación por escrito:

1. *Personal*: «*Yo* necesito...».
2. *Práctica*: «Necesito bajar de peso».
3. *Posible*: «Necesito bajar cinco kilos».
4. *Comprobable*: «Necesito bajar cinco kilos antes de que termine el mes».

Para ayudarlo a llevar a cabo sus objetivos, cuéntele a un amigo o a un miembro de su familia acerca de sus planes para que de vez en cuando le den una revisada a sus progresos y lo animen a seguir adelante.

Registre aplicaciones para asuntos futuros y también para necesidades actuales. ¿Y si encuentra una aplicación que usted considera que no es posible ponerla en práctica en un tiempo en particular? Imagínese que está estudiando un pasaje que tiene que ver con la muerte y en cómo puede sobreponerse a la angustia y el pesar, pero este no es un problema actual para usted. ¿Qué va a hacer con estos versículos? Póngalos por escrito por dos razones. Primero, porque puede ser que necesite la aplicación en un futuro, cuando alguna circunstancia se presente en su vida. En segundo lugar, puede ayudarlo a ministrar a otro que esté pasando por esa situación. Pregúntese: «¿Cómo puedo usar estos versículos para ayudar a otros?»

Cuarto Paso: memorice un versículo clave de su estudio

Para que pueda seguir meditando en el pasaje que está aplicando, y para que le ayude a recordar su proyecto, memorice un versículo que sea clave para aplicar lo que ha escrito.

A veces Dios va a obrar en un aspecto de su vida durante varias semanas o incluso meses. Lleva tiempo cambiar rasgos de carácter, hábitos y actitudes arraigados. Los nuevos hábitos y maneras de pensar no se adquieren ni se establecen en un día. Debemos estar conscientes de esto y estar dispuestos a permitir que Dios siga reforzando una nueva verdad en nuestra vida. No nos engañemos pensando que escribir una aplicación será como una fórmula mágica que producirá un cambio instantáneo. Más bien debemos tener presente que eso es parte de un proceso de crecimiento. La memorización de versículos será de gran ayuda en ese proceso porque siempre estarán con nosotros en el «corazón».

En una ocasión mi aplicación tuvo que ver con la calidad de mi sensibilidad. Le llevó varios meses a Dios edificar esa cualidad en mí. Tuve que ver cómo esta cualidad estaba relacionada con todos los aspectos de mi vida. El Señor seguía poniéndome en situaciones en las que estuve tentado a hacer lo opuesto: ser insensible. Y él puede hacer lo mismo con usted. Dios puede enseñarle a amar a los demás poniéndolo en medio de gente nada amable. Quizá tenga que aprender a ser paciente mientras experimenta irritación, para así aprender a ser pacífico en medio del caos. De esa manera descubrirá cómo tener gozo, incluso en tiempos de pesar y de prueba. Usted debe descubrir que cuando Dios quiere fortalecer una cualidad positiva en su vida, le permite encontrarse en situaciones en las que pueda escoger hacer lo correcto en lugar de seguir sus inclinaciones naturales.

Resumen

La prueba cumbre mediante la cual estudiamos y aplicamos las Escrituras es la persona de Jesucristo. Tenemos que preguntarnos: «¿Esta aplicación me ayuda a ser cada día que pasa más como Jesús?»

Un hombre vio que uno de sus vecinos salía de una iglesia un domingo por la mañana y le preguntó: «¿Ya se acabó el sermón?»

El vecino le respondió con sabiduría: «No. Ya lo predicaron, pero todavía falta que lo practiquemos».

Si no aplicamos las revelaciones que Dios nos da, nos volveremos espiritualmente insensibles y desarrollaremos costras. Nos volvemos torpes a la obra de convencimiento del Espíritu Santo en nuestra vida. La aplicación de la Palabra de Dios es vitalmente necesaria para nuestra salud espiritual, crecimiento y madurez cristiana.

Cómo llenar el formulario de estudio devocional

Al final de este capítulo encontrará un formulario de estudio devocional que puede reproducirse cuando aplique este método. O, si lo prefiere, puede usar una hoja de papel en blanco para hacer las divisiones que se le sugieren.

El formulario

Llene la información preliminar.

- Fecha: Escriba la fecha en que hizo el estudio.
- Pasaje: Escriba el libro, capítulo, versículo o versículos que está estudiando.

Llene las cuatro partes de la sección.

- Oración: Revise el recuadro después de haber orado pidiendo entendimiento.
- Meditación: Escriba sus pensamientos de acuerdo con el método que haya empleado.
- Aplicación: Escriba una aplicación que sea personal, práctica y comprobable.
- Memorización: Escriba de memoria el versículo que piensa aprenderse, en la versión que haya elegido.

Muestra de un formulario completo

Vea las páginas 40 y 41.

Tareas

Se sugieren los siguientes pasajes para empezar a estudiar textos con el método devocional.

- Salmo 15
- Salmo 34
- Romanos 12
- 1 Tesalonicenses 5:12-22
- 1 Juan 4

Lecturas adicionales

La siguiente lista de libros y panfletos son ayudas útiles para establecer un devocional regular. Contienen información práctica para desarrollar el hábito diario de pasar un tiempo en un estudio devocional de la Palabra de Dios.

En sus pasos, ¿Qué haría Jesús?, de Carlos M. Sheldon (Editorial Clie).

Escuchando la voz de Dios, de Lory Basham Jones (Editorial Unilit).

Diariamente con Cristo, de Neil T. Anderson (Editorial Unilit).

Libro de cheques del Banco de la Fe, de C. H. Spurgeon (Editorial Clie).

Manantiales en el desierto, de L. B. Cowman (Editorial Mundo Hispano).

Formulario de estudio devocional

Fecha: 30 de junio   Pasaje: Lucas 12:22-26
1. Oración   ☑ (marque cuando lo haya hecho)
2. Meditación: esta es mi propia paráfrasis. No debería estar tan preocupado. Dios tiene cuidado de todas mis necesidades. Puesto que Dios me dio la vida, es seguro que puedo confiar en que él será mi proveedor. Puedo aprender del ejemplo de los pájaros, en que ellos no se preocupan por el futuro. Dios los cuida a diario de una manera básica. Y si Dios cuida de los pájaros, ¡seguro que también cuidará de mí! Además, estar preocupado no me hace ningún bien. Nunca hace que la situación se revierta. Así que, ¿de qué sirve estar preocupado? ¡De nada! Mandamiento que debo obedecer: *¡No te preocupes!* (v. 22) Promesa de la que debo apropiarme: *¡Dios cuida de mí!* (v. 24)
3. Aplicación: Necesito aplicar esta lección a nuestras finanzas familiares. Para el mes que viene (voy a ir mes por mes) cada vez que el diablo me tiente a preocuparme por las cuentas que debo pagar, voy a resistirlo al pensar y citar a Lucas 12:24 *en voz alta.*
4. Memorización: «Fíjense en los cuervos: No siembran ni cosechan, ni tienen almacén ni graneros; sin embargo, Dios los alimenta: ¡Cuánto más valen ustedes que las aves!» (Lucas 12:24, NVI).

Formulario de estudio devocional

Fecha: julio 10   Pasaje: Jueces 6.1-18

1. **Oración**   ☑ (marque cuando lo haya hecho)

2. **Meditación:** este pasaje habla del llamado de Gedeón.

Lecciones (verdades que debo creer).

- Cuando Dios quiere cumplir algo, él busca a la gente que quiere usar.
- A menudo Dios usa a la gente menos pensada.
- Dios puede mostrar su fortaleza de mejor manera a través de nuestra debilidad.
- El poder de Dios es la respuesta a nuestra ineficiencia.

Pecado que debo confesar/actitud que debo cambiar: Señor, perdóname por no haber estado dispuesto a que me uses. He creído que no podrías usarme a causa de mis debilidades. He argumentado mi ineficiencia como una excusa para la pereza. Ayúdame a recordar que confiar en mí mismo ocasionará fracasos, pero que confiar en ti me fortalecerá y me dará la victoria. Usa mis debilidades para darte la gloria a ti mismo.

3. **Aplicación:**

He tenido miedo de aceptar las invitaciones de mi iglesia a dar clases de Escuela Dominical. Me he excusado con el argumento de no tomar el puesto porque siento que no tengo la capacidad suficiente. Pero sé que Dios quiere que yo dé esas clases, así que voy a decirle a mi pastor que acepto esa responsabilidad.

4. **Memorización:**

Recordaré que Dios le dijo a Gedeón: «Yo estaré contigo» (v. 16).

Formulario de estudio devocional

Fecha:	Pasaje:

1. Oración ☐ (marque cuando lo haya hecho)

2. Meditación:

3. Aplicación:

4. Memorización:

2
Método
de estudio bíblico
de resumen de capítulo

Cómo empezar a comprender los capítulos

de un libro de la Biblia

En su composición original, la Biblia no se dividía ni en capítulos ni en versículos. En realidad, no fue sino hasta el año 1228 de nuestra era cuando el obispo Stephen Langton hizo la división en capítulos. El propósito de dividir la Biblia en varias secciones era hacerla más accesible a los lectores. Algunas divisiones son arbitrarias e interrumpen el ritmo del mensaje de los escritores. Sin embargo, por lo general proveen buenos puntos de división, útiles para el estudio bíblico.

De acuerdo con estas divisiones, que se hicieron siglos después de haberse escrito la Biblia, hay 1.189 capítulos en la Biblia protestante. Si usted estudiara un capítulo por día, podría leer toda la Biblia en un poco más de tres años. Si hiciera un resumen de dos capítulos por día, podría terminar en unos 20 meses. En verdad este ritmo no es recomendable, porque se aburriría rápidamente con este método de estudio. En su lugar, seleccione al azar capítulos de las Escrituras que quiera estudiar y aplique el método de resumen de capítulo para esos pasajes o use un método diferente para tener variedad.

Definición

El método de estudio bíblico de resumen de capítulos conlleva la comprensión general del contenido de un capítulo de la Biblia mediante su lectura por lo menos cinco veces, planteando una serie de preguntas respecto de su contenido y resumiendo los pensamientos centrales del pasaje (este método no debe confundirse con el método de estudio de un libro y análisis del capítulo, de los capítulos 9 y 10 de este libro).

Por qué es importante este método

Este método es importante porque lo capacita para empezar a comprender capítulos de libros enteros de la Biblia. Es popular para aquellos que empiezan a estudiar la Biblia, porque por lo general los capítulos son bastante cortos y no requieren un estudio profundo para hacer el resumen. Es valioso porque puede enseñarse rápidamente a un recién convertido o a alguien que esté interesado en hacer un estudio bíblico significativo. Es un excelente método con el que se puede empezar toda una vida de estudio bíblico personal por cuatro razones:

Primero, es un método fácil de aprender. Usted puede empezar a practicar tan pronto como entienda los diez pasos básicos de la siguiente sección. El formulario de estudio y un ejemplo al final del capítulo le serán de gran ayuda.

En segundo lugar, este método no le llevará mucho tiempo. Dependiendo de lo largo del capítulo que esté estudiando, puede resumir un capítulo en unos veinte o treinta minutos. Esto es específicamente cierto sobre todo en

Primer paso:	Título
Segundo paso:	Contenido
Paso tres:	Personajes principales
Paso cuatro:	Versículo elegido
Paso cinco:	Palabras muy importantes
Paso seis:	Retos
Paso siete:	Referencias cruzadas
Paso ocho:	Ver a Cristo
Paso nueve:	Enseñanza o enseñanzas centrales
Paso diez:	Conclusión

lo que respecta a capítulos de género histórico narrativo, como por ejemplo partes del Antiguo Testamento, los Evangelios y el libro de los Hechos. Usted deberá pasar más tiempo, sin embargo, en los Salmos, los libros proféticos y en las cartas doctrinales del Nuevo Testamento.

En tercer lugar, este método no exige de ayudas externas u obras de consulta. Pero sí es necesario memorizar los diez pasos. Después podrá resumir un capítulo en cualquier situación o tiempo, usando su Biblia y un pedazo de papel. Siempre que tenga tiempo extra a su disposición, por ejemplo en el consultorio de un doctor, en una parada de autobús o en un aeropuerto, este es el método que puede usar. Tome un libro de la Biblia, comience con el capítulo 1 y empiece a registrar sus descubrimientos. A mí me gusta usar este método cuando voy a un retiro y no puedo llevar mis obras de consulta conmigo.

En cuarto lugar, este método es un buen tipo de estudio para cuando está comprometido con un estudio de lectura rápido de la Biblia. Usted puede tomar notas iniciales mientras lee cada capítulo al usar el formulario de resumen de capítulo.

Diez pasos fáciles para hacer el resumen de un capítulo

Como preparación para llenar el formulario de estudio de este método de estudio bíblico, *lea el capítulo por lo menos cinco veces.* No encontrará mejor manera de familiarizarse con un capítulo de la Biblia que leerlo una y otra vez. Mientras más veces lea un pasaje de las Escrituras, más vida cobrará para usted. Muchos cristianos se pierden grandes revelaciones de las Escrituras porque no leen ni releen sus pasajes.

El gran expositor de la Biblia George Campbell Morgan fue famoso por sus poderosos y emocionantes sermones. Cuando se le preguntó cuál era el secreto de su habilidad para comunicar la Palabra de Dios, contestó que había adquirido el hábito de leer un capítulo o pasaje treinta o cuarenta veces antes de empezar a trabajarlo para un sermón. No en balde sus sermones eran tan emocionantes y llenos de significado.

A continuación le doy algunas sugerencias sobre cómo leer un capítulo de la Biblia:

- *Lea una Biblia que no tenga anotaciones.* Si intenta usar este método leyendo una Biblia en la que ha hecho anotaciones, va a tender a concentrarse en las mismas ideas. Deje que Dios le hable de una manera fresca, y le dé nuevas revelaciones.
- *Léala sin detenerse.* No se detenga en sus primeras lecturas en medio de un capítulo, sino léalo de principio a fin. Su meta debe ser

sentir que el capítulo fluye, por eso al principio no se preocupe por los detalles. Intente captar el mensaje central y el tema general del escritor.

- *Léalo en diferentes traducciones contemporáneas.* Esto le dará discernimiento adicional mientras ve cómo tradujo cada traductor el escrito original. Tome notas de las diferencias interesantes que encuentre.

- *Léalo en voz alta, tranquilamente, para usted mismo.* Si tiene algún problema de concentración, esto lo ayudará en gran forma porque se estará oyendo leer. Muchas personas se han dado cuenta de que leer en voz alta las ayuda a centrar mejor su atención en el texto.

Mientras lee el capítulo, empiece a buscar las siguientes diez cosas específicas y escriba su respuesta en su formulario de resumen de capítulo o en una hoja de papel en blanco. Puede llenar los ítems en cualquier orden, dejando el paso diez para el final. Las diez divisiones de su estudio son:

- Título
- Contenido
- Personajes principales
- Versículo elegido
- Palabras muy importantes
- Exhortaciones
- Referencias cruzadas
- Ver a Cristo
- Enseñanza o enseñanzas centrales
- Conclusión

Primer Paso: Título

Póngale al capítulo un título breve pero descriptivo. Mientras más corto sea el título, más probabilidades habrá de que lo recuerde. En realidad, si usa este método en cada capítulo de un libro de la Biblia que seleccionó, podrá recordar el contenido de todo el libro aprendiendo de memoria los títulos de los capítulos. Use una sola palabra si es posible (1 Corintios 13, por ejemplo, podría intitularse «Amor») y cinco palabras como máximo (Hebreos 11 podría ser «Héroes de la fe»). Intente encontrar la palabra clave del capítulo e insértela en el título.

Si su título es pegadizo o le produce un cuadro mental determinado, lo va a recordar por mucho más tiempo.

Segundo Paso: Contenido

Describa, resuma, parafrasee, bosqueje o haga una lista de los puntos principales de un capítulo. El método que escoja dependerá del estilo literario del
capítulo y de su propia preferencia. A algunas personas les gusta resumir, en
tanto que a las que son más analíticas les encanta bosquejar. Escoja el método con el que se sienta más a gusto y el que le sea más fácil. No intente interpretar el capítulo; solo haga observaciones sobre su contenido. Registre en
su formulario lo que piensa que el escritor dijo.

Tercer Paso: Personajes principales

Coloque en una lista a las personas más importantes del capítulo. Haga preguntas como: ¿Quiénes son los personajes principales en este capítulo? ¿Por qué se
incluyeron? ¿Qué es lo más significativo de ellos? Si el capítulo contiene pronombres (él, ella, ellos, etc.) podría tener que consultar los capítulos previos para
identificar a las personas. Escriba por qué ciertas personas son los personajes
centrales en el capítulo. Cuando llegue a las extensas genealogías (listas de
personas), no intente hacer una lista de todos, sino más bien resuma la lista.

Cuarto Paso: Versículo elegido

Elija un versículo que resuma el capítulo entero o uno que le hable a usted.
En algunos capítulos puede encontrar un versículo clave que resuma el argumento del escritor; en otros quizá no haya ninguno. En algunas ocasiones tal
vez quiera escoger un versículo a partir del cual pueda escribir su aplicación,
uno que usted crea que Dios quiere que se aplique a su vida.

Quinto Paso: Palabra o palabras clave

Escriba la palabra o palabras clave del capítulo. Muchas veces la palabra clave será la única que se usará con mucha frecuencia («amor» en 1 Corintios
13 y «fe» en Hebreos 11). A veces la palabra clave podría ser la más importante, pero no la que más se usa. En Romanos 6, por ejemplo, la palabra
«acreditar» («considerarse» en RV 60) es la palabra importante, aunque solo
se usa una sola vez (Romanos 6:11). Asimismo, un capítulo podría tener
más de una palabra clave.

Sexto Paso: Retos

Haga una lista de todas las dificultades que pudiese tener con el pasaje. ¿Hay
algunas declaraciones que no comprende? ¿Hay algún problema o cuestión
que le gustaría estudiar más ampliamente? A menudo, mientras esté resumiendo un capítulo, va a tener ideas de otro tipo de estudios que podría que-

rer desarrollar en el futuro. Por ejemplo, cierta palabra del capítulo podría captar su atención; tome nota de esa palabra. Más adelante podría querer estudiarla más profundamente (vea el capítulo 7). Una cuestión acerca de un tema doctrinal podría motivarlo a hacer un estudio temático de esa enseñanza en particular (vea el capítulo 6).

Séptimo Paso: Referencias

Con el uso de las referencias en su estudio bíblico, busque otros versículos que lo ayuden a aclarar de qué habla el capítulo y enlístelos en su formulario. Hágase la pregunta: ¿Qué más hay en la Biblia que me pueda ayudar a comprender este capítulo? Las referencias son importantes porque son herramientas que ayudan a interpretar el significado de un capítulo; lo capacitan para ver la Biblia como un todo. Usted puede buscar diferentes tipos de referencias cruzadas, descritas en la sección de correlación del método de análisis de un capítulo (vea el capítulo 10).

Octavo Paso: Ver a Cristo

Toda la Biblia es una revelación de la persona de Jesucristo. En realidad, Jesús usó el Antiguo Testamento para enseñarles a sus discípulos acerca de sí mismo. El día de la resurrección, en el camino a Emaús, Jesús les enseñó a dos de sus discípulos: «Empezando con Moisés y todos los profetas, les explicó todo lo que las Escrituras decían acerca de él» (Lucas 24:27). Mientras estudia cada capítulo, debe estar alerta a las declaraciones que le digan algo acerca de Jesucristo, el Espíritu Santo y Dios Padre. Pregúntese: ¿Qué puedo aprender acerca de la naturaleza de Jesús en este capítulo? ¿Qué atributos de Dios en Cristo se muestran aquí? (A continuación le damos algunos ejemplos: su amor, justicia, misericordia, santidad, poder y fidelidad.) Este puede ser el paso más difícil de completar en algunas porciones de la Biblia, sobre todo en lo que respecta a los textos narrativos del Antiguo Testamento y en pasajes donde se usa el simbolismo.

Noveno Paso: Enseñanzas centrales

Escriba los principios más importantes, nuevas enseñanzas y lecciones que haya aprendido en este capítulo. Pregúntese: ¿Por qué Dios quiere que este pasaje esté en la Biblia? ¿Qué quiere enseñarme en este capítulo? ¿Cuál es el pensamiento central que el escritor está tratando de desarrollar? Una posible respuesta puede ser: «Debemos amarnos en toda relación interpersonal» (1 Corintios 13).

Décimo Paso: Conclusión

Esta es la parte para la aplicación de su estudio. Como se trató en el capítulo 1, el desarrollo de un proyecto lo ayuda a implementar en su vida una lección que tiene que aprender de una porción o capítulo. Lo beneficiará concluir su resumen del capítulo con dos preguntas: 1) ¿Cómo puedo aplicar personalmente estas verdades? y 2) ¿Qué voy a hacer específicamente con ellas?

Cómo llenar el formulario de resumen de capítulo

Al final de este capítulo va a encontrar un formulario de resumen de capítulo que puede fotocopiar para su uso. El formulario tiene espacio para que enliste los capítulos de la Biblia que está estudiando y los diez pasos para aplicar este método. Llene cada una de las diez partes de los espacios en blanco tal como se describen. Si necesita más espacio, use el reverso del formulario para permitirse más espacio en su propio papel.

Muestra del formulario lleno

Vea el ejemplo al final de este capítulo.

Tarea

Algunos capítulos que puede empezar a usar con el método de estudio bíblico de resumen de capítulo son:

- 1 Corintios 13
- 2 Timoteo 2
- 1 Juan 1
- Juan 17
- El Evangelio de Lucas (capítulo por capítulo)

Lecturas adicionales

La Biblia resumida, de Keith L. Brooks (Baker). Para los que saben inglés, este libro es un excelente ejemplo de este método de estudio bíblico. El doctor Brooks ha hecho un resumen de cada capítulo de todos los libros de la Biblia y muestra cómo se puede ver a Jesucristo en cada uno de ellos. No lea este libro para ayudarse a trabajar, sino para probarse a sí mismo y ver cómo ha hecho su propio estudio.

Formulario de resumen de capítulo

Capítulo: Lucas 15

Leerlo 5 veces:　　　　☑ (marque cuando lo haya hecho)

1. **Título:** «Perdido y encontrado»

2. **Contenido:**

   Este capítulo contiene tres parábolas:

   1. Versículos 3-7: La oveja perdida.
   2. Versículos 8-10: La moneda perdida.
   3. Versículos 11-32: El hijo perdido.

3. **Personajes principales:**

   El pastor y la oveja perdida.
   La mujer y la moneda perdida.
   El padre y el hijo perdido.

4. **Versículo escogido:**

   Lucas 15:17 «Les aseguro que hay más gozo en el cielo por un pecador que se arrepiente que por noventa y nueve justos que no necesitan arrepentimiento».

5. **Palabra o palabras clave:**

   Perdido (versículos 4, 5, 9, 24, 32) Encontrado (5-6, 9, 24, 32)

6. **Retos (dificultades que necesito estudiar):**

   ¿Qué quiere decir este versículo al hablar de «noventa y nueve justos que no necesitan arrepentirse?»

7. **Referencias cruzadas: Lucas 15:4-6**

   Mateo 18:11-14
   Juan 10:10-14
   1 Pedro 2:25
   Isaías 53:6
   Salmo 119:176

8. Ver a Cristo:

La primera parábola: Jesús el Buen Pastor, busca a la oveja perdida. En la segunda parábola el Espíritu Santo, nuestro legítimo dueño, nos encuentra y restaura. En la tercera parábola, el Padre que espera darnos la bienvenida al hogar.

9. Enseñanzas centrales

Descubrimientos: el hijo se aleja diciendo… «Dame» (v. 12)
Regresa diciendo «hazme» (v. 19)

Dios ama a los pecadores y espera anhelante que regresen.

Características del hermano inmaduro:
Irascible: v. 28
Infantil: v. 28
Celoso: vv. 29-30
Perspectivas equivocadas: vv. 29-30
Quejumbroso: vv. 29-30

10. Conclusión (aplicación personal):

En cada una de las tres parábolas se hizo un esfuerzo concreto para recuperar lo que se había perdido. Muchos de mis amigos están perdidos sin Cristo. Debo desarrollar un plan específico de testimonio para alcanzarlos con las Buenas Nuevas. Voy a empezar a compartir mi fe con mi amigo Juan esta semana.

Tengo que exteriorizar más alegría cuando me entero de que algunas personas han aceptado a Cristo.

Formulario de resumen de capítulo

Capítulo: Leerlo 5 veces: ☐ (marque cuando lo haya hecho)
1. Título:
2. Contenido:
3. Personajes principales:
4. Versículo escogido:
5. Palabra o palabras clave:
6. Retos (dificultades que necesito estudiar):

7. Referencias cruzadas: Lucas 15:4-6

8. Ver a Cristo:

9. Enseñanzas centrales

10. Conclusión (aplicación personal):

3
Método
de estudio bíblico
de cualidades del carácter

Cómo determinar las cualidades bíblicas del carácter

Una meta principal de la vida cristiana es desarrollar un carácter como el de Cristo en nuestra vida. Todos los días queremos llegar a ser más y más como Jesucristo, y reemplazar los aspectos malos de nuestro carácter, con aspectos buenos. Pero antes de que podamos hacer que una cualidad a la semejanza de Cristo aparezca en nuestra vida, debemos poder reconocerla. Este estudio lo diseñamos para ayudarlo a identificar aspectos negativos y positivos de su carácter para que pueda entenderlos.

De esa manera podrá hacer a un lado los aspectos negativos de su carácter y edificar los positivos en su vida. Al hacer esto podrá llegar a ser cada vez más y más como Jesucristo.

Definición

El método de estudio bíblico de cualidades del carácter implica descubrir qué dice la Biblia acerca de una característica específica de una persona, con un fuerte énfasis sobre la aplicación personal. Es, además, una combinación en una forma simplificada de otros tres métodos de estudio bíblico: el método de estudio de palabras, el método biográfico y el método de análisis referencias cruzadas.

Difiere del método biográfico en que en este se estudian las características de una persona más que a la persona misma. Estas características pueden ser negativas, positivas o ambas. El asunto es que podemos aprender a evitar los aspectos negativos y desarrollar los positivos en nuestra vida.

Por qué este método es vital para nuestra vida

El propósito de este método de estudio bíblico es *identificar* las características que enseña la Biblia con miras a aprender a evitar los aspectos negativos y desarrollar los positivos para que seamos cada vez más como el Señor Jesucristo. Es obvio que mientras usted no sepa qué es un rasgo del carácter, no podrá evitarlo ni desarrollarlo. Por ejemplo, si quisiera llegar a ser manso, tal como la Biblia lo exhorta a ser, primero tiene que saber qué es la mansedumbre antes de poder estudiarla en verdad.

Este es el primer método en este libro que requiere el uso de algunas herramientas. Así que veamos algunas de las obras de consulta que va a necesitar:

1. Una Biblia de estudio.
2. Una concordancia exhaustiva.
3. Un diccionario bíblico o un libro de estudio de palabras o ambos.
4. Una Biblia con índice temático.
5. Un diccionario de español.

Si usted quiere desarrollar aspectos positivos de un carácter bíblico en su vida, siga estas recomendaciones:

Primer paso:	Nombre de la cualidad
Segundo paso:	Nombre de la cualidad opuesta
Tercer paso:	Haga un estudio sencillo de la palabra
Cuarto paso:	Encuentre algunas referencias cruzadas
Quinto paso:	Haga un breve estudio biográfico
Sexto paso:	Memorice un versículo
Séptimo paso:	Seleccione una situación o relación para trabajar en ella
Octavo paso:	Planee un proyecto específico
Noveno paso:	Escriba una ilustración propia

1. Ocúpese de una sola cualidad a la vez. No intente trabajar sobre dos, tres o más, porque eso requiere un esfuerzo concentrado para ver que una sola cualidad se aplique a todos los aspectos de su vida. Es mucho mejor edificar una sólida cualidad en su vida que trabajar en varias que sean débiles.

2. ¡No corra! Desarrollar el carácter lleva tiempo. Incluso aunque uno de los pasos sea el de escribir una ilustración una semana después, tal vez quiera trabajar una cualidad durante mucho más tiempo. Yo he encontrado, en mi propia vida, que Dios trabaja en un aspecto muchos meses (a veces años) antes de formar parte de mi diario caminar con él.

3. Siga con esa cualidad hasta que logre la victoria en ese aspecto particular. No dé saltos intentando trabajar en muchas cualidades cuando lo que necesita es triunfar nada más que en esa. Recuerde que la cualidad de ser diligente es una de las que necesita desarrollar.

4. Manténgase alerta, porque puede ser que un aspecto negativo en su vida sea en realidad una característica positiva a la que le está dando mal uso. Descubra que el Señor quiere convertir sus puntos débiles en puntos fuertes. Si usted es rígido, legalista e inflexible, puede ser que esté usando mal la cualidad de la autodisciplina. Esa disciplina necesita que la suavicen con compasión y preocupación por los demás.

5. Confíe en que el Espíritu Santo edificará estas cualidades en su vida. En última instancia, es el poder de Dios el que reproduce en nosotros el fruto del Espíritu en su vida. Solo Dios puede cambiar su carácter. «Dios, según su buena voluntad, es quien hace nacer en ustedes los buenos deseos y quien los ayuda a llevarlos a cabo» (Filipenses 2:13, traducción libre). Así que permítale a Dios hacerlo, confiando en que el Espíritu Santo puede obrar en su vida.

Nueve pasos para hacer un estudio de cualidades del carácter

Primer paso: Nombre de la cualidad

Elija la cualidad que quiere estudiar y póngala por escrito. Luego busque el término en un diccionario de la lengua española y escriba la definición de esa palabra o concepto. Enliste todos los sinónimos o relacione las palabras que lo ayuden a comprender esa cualidad.

Segundo paso: Nombre de la cualidad opuesta

Escriba la cualidad opuesta, o el antónimo, de las que está estudiando y escriba la definición que da el diccionario y algunas palabras similares. Si no logra darse cuenta de cuál es la cualidad opuesta, use un diccionario de antónimos. Por ejemplo, infidelidad es lo opuesto de fidelidad. Pero algunas cualidades que pudiese estudiar pueden tener dos o más términos contrarios. Por ejemplo, puede tener los siguientes:

- Fe y duda
- Fe y apatía
- Fe y miedo

Tercer paso: Haga un estudio sencillo de la palabra

Busque las definiciones bíblicas de la cualidad que está estudiando. Encuentre las maneras en que se usaba en los contextos de las Escrituras; luego consulte un diccionario bíblico o un libro de estudio de palabras para ver de qué manera se usaba esa cualidad en los tiempos bíblicos y en las Escrituras. Algunas de las obras de consulta le dirán muchas veces cómo se usaba la palabra en la Biblia en cada Testamento, en los escritos de diferentes autores y en el libro que está estudiando.

Por ejemplo, si estudiara la cualidad de la mansedumbre, descubriría que la palabra «manso» en el original griego significaba «quebrantar algo y llevarlo a sumisión». La palabra se usaba para describir el entrenamiento de caballos valiosos, los cuales se amansaban para que fuesen sumisos a sus amos. De esa manera un semental aún tendría el poder y fortaleza de sus días salvajes, pero ahora está bajo el control de su amo. La mansedumbre, por lo tanto, no es debilidad. Como una cualidad del carácter cristiano, la mansedumbre es fortaleza que se somete a Jesucristo.

Cuarto paso: Encuentre algunas referencias

El uso de las referencias le dará perspectivas adicionales desde otras partes de la Biblia. Las Escrituras siguen siendo el mejor intérprete de las Escrituras. Use su concordancia y su Biblia de tópicos para encontrar todos los versículos que pueda que mencionen esta cualidad. Busque la palabra y sus sinónimos en la concordancia y en la Biblia de tópicos, escriba las referencias cruzadas en la sección correspondiente del formulario y haga una breve descripción de ese versículo. Luego plantee algunas de las siguientes preguntas acerca de la cualidad que está estudiando mientras medita en los versículos de las referencias cruzadas:

- ¿Qué beneficios le puede traer este rasgo?
- ¿Cuáles son las malas consecuencias que este rasgo le puede traer?

- ¿Qué beneficios les puede traer este rasgo a otros?
- ¿Cuáles son las malas consecuencias que este rasgo les puede traer a otros?
- ¿Hay alguna promesa de Dios relacionada con este rasgo?
- ¿Hay alguna advertencia o juicio relacionados con este rasgo?
- ¿Hay algún mandamiento relacionado con esta característica?
- ¿Qué factores producen esta característica?
- ¿Tuvo algo que decir Jesús acerca de esta cualidad? ¿Qué?
- ¿Qué escritor destacó más esta cualidad?
- ¿Estos rasgos, en las Escrituras, se simbolizan de alguna manera? ¿Es significativo eso?
- ¿Aparece este rasgo en alguna lista de cualidades? ¿Qué relación hay entre ellos? ¿En qué nos hace pensar esto?
- ¿Qué partes de las Escrituras nos dicen directamente lo que Dios piensa de estos rasgos?
- ¿Quiere usted más o quiere menos de esta cualidad en su propia vida?

Después de plantear una serie de preguntas como estas, u otras que le vengan a la mente, podría escribir un breve resumen de lo que la Biblia enseña acerca de esta cualidad. Podría hacer una lista de algunas lecciones o principios que pudo haber aprendido de este miniestudio de tópicos, o podría parafrasear algunos versículos clave que hablen de estos rasgos.

Procure siempre escribir cualquier dificultad que tenga con los versículos que estudie o las preguntas que le gustaría tener contestadas. Tal vez más tarde llegue a comprender las dificultades actuales y entonces encuentre las respuestas a sus problemas; a menudo un versículo arroja luz sobre otro versículo que ha estudiado.

Quinto paso: Haga un breve estudio biográfico

Vaya ahora a su Biblia e intente encontrar por lo menos a una persona (o más personas si le es posible) que haya mostrado cierta cualidad de carácter en su vida. Describa con brevedad esta cualidad y escriba los textos bíblicos que hagan referencia a ella. Hágase las siguientes preguntas mientras desarrolla esta parte del estudio:

- ¿Qué fue lo que mostró esta cualidad en la vida de esa persona?
- ¿Qué resultados dio esta cualidad en la vida de esa persona?

- ¿Ayudó esta cualidad o entorpeció su progreso para que él o ella maduraran? ¿Cómo?
- ¿Qué resultados produjeron en la vida de esa persona?

Se puede ver un ejemplo de este paso en la vida de José, el hijo de Jacob, quien manifestó diferentes cualidades del fruto del Espíritu (Gálatas 5:22-23) en cada incidente de su vida. Es interesante ver qué testimonio tenía ante los paganos: «Entonces preguntó el faraón: "¿Podremos encontrar a alguien como este hombre, en quien reposa el Espíritu de Dios?"» (Génesis 41:38). Encontramos estas cualidades en José:

- Mostró *amor* en una situación familiar difícil (Génesis 47).
- Mostró *dominio propio* en una tentación difícil (Génesis 39).
- Mostró ser una persona *diligente* y *paciente* en circunstancias difíciles (Génesis 39:19—40:23).
- Mostró ser *fiel* en tareas difíciles (Génesis 41:37-57).
- Manifestó *bondad, ternura y amabilidad* en reuniones familiares difíciles (Génesis 42:50).

En ocasiones, algunas de las cualidades que la Biblia enseña se ponen de manifiesto en el comportamiento de algunos animales (sobre todo en el libro de los Proverbios). Cuando se encuentre con estas cualidades, póngalas por escrito.

Sexto paso: Memorice un versículo

Escriba por lo menos un versículo de sus referencias cruzadas o de la porción biográfica del estudio que en verdad le haya hablado e intente memorizarlo la siguiente semana. Este versículo le vendría bien tenerlo a mano cuando Dios le proporcione una oportunidad para que trabaje en esta cualidad de carácter de un modo determinado.

Séptimo paso: seleccione una situación o relación para trabajar en ella

Ya estamos llegando ahora a la parte de la aplicación del estudio. Piense en un aspecto en el que Dios quiere que usted trabaje esta cualidad de carácter, ya sea que deba evitarla si es negativa o desarrollarla si es positiva. Puede tratarse de una circunstancia o de alguna relación interpersonal.

Si se trata de una circunstancia, anticipe lo que usted hará cuando el caso se presente. Por ejemplo, digamos que ha sido siempre un holgazán. Su estudio sobre la holgazanería lo exhortará a que se libre de ese rasgo de su vida. Al trazar planes por adelantado, sabrá cuándo se presentarán las circunstancias que sacan a flote la pereza que yace en su interior, y decide por anticipado lo que hará. Pondrá *dos* despertadores, uno de ellos en la parte más lejana del cuarto, para ayudarlo a levantarse por la mañana y tener un tiempo devocional y llegar puntualmente al trabajo o la escuela.

Si se trata de unas relaciones, determine por anticipado cómo va a responder en las interacciones que habrá de tener con esa persona. Esa persona puede ser su cónyuge, sus padres, sus hijos, su novia, su novio, sus compañeros de trabajo, sus compañeros de escuela o sus vecinos. Busque las oportunidades de pulir esa cualidad de carácter en sus relaciones con esas personas. Su meta es tener relaciones más maduras.

Una manera de hacer esto es retrotraerse al pasado y recordar alguna circunstancia o algunas relaciones en su pasado reciente en que haya lidiado con esta cualidad.

Octavo paso: Planee un proyecto específico

Esta es la parte práctica de su aplicación y es el verdadero resultado de los siete pasos. Piense en un proyecto en el cual va a trabajar para fortalecer una cualidad positiva de su vida, o una en la cual va a desprenderse de algún aspecto negativo.

Una vez estuve lidiando con los rasgos de la gratitud; uno de mis proyectos era escribir cartas de agradecimiento a cinco personas que habían sido de bendición para mí, en las que les decía: «Estoy agradecido con usted porque...». Recuerde, la aplicación debe ser personal, práctica, posible y medible.

Noveno paso: Escriba una ilustración propia

Después de algunos días en que haya completado los primeros ocho pasos de este estudio, escriba una ilustración de cómo pudo lidiar con esta cualidad que está aplicando a su vida. Esta es la parte «medible» de su aplicación. Sea específico y escriba dónde tuvo éxito y dónde falló. En poco tiempo debería poder desarrollar toda una gama de ejemplos propios de cómo Dios está trabajando en su vida para librarlo de cualidades negativas y fortificar las positivas.

Estas ilustraciones le servirán para un gran número de propósitos. Cuando esté desanimado, vuelva a leer el fajo de sus ilustraciones y vea cómo ha trabajado Dios en su vida. Cuando esté trabajando con un «Timoteo», use sus ilustraciones para enseñarle y para animarlo a escribir sus propias ilustraciones. Cuando esté dando testimonio o dando una clase, use estas ilustraciones para agregar un elemento personal a su presentación: «Esta es la manera en que Dios me ha ayudado en mi vida».

A menudo Dios fortalece un carácter en nuestra vida poniéndonos en situaciones en las cuales nos vemos en la tentación de hacer lo opuesto. Por ejemplo, si Dios quiere enseñarle a ser honesto, puede colocarlo en una situación en la cual sentirá la tentación de actuar en forma deshonesta.

Resumen y conclusión

Cuando estuve en la universidad, fui miembro activo de un grupo musical. Tenía un equipo que valía aproximadamente dos mil dólares. Una vez en que estaba predicando a ochocientos kilómetros de distancia, otro grupo musical de nuestra escuela se acercó a mi compañero de cuarto y le preguntó si podían tomar prestado mi equipo. Él les dijo: «Estoy seguro de que no habrá problema, pero primero se lo tienen que pedir prestado a Rick. Estoy seguro de que él se los prestará».

Pero como yo estaba muy lejos, no me lo pidieron. Simplemente regresaron después que mi compañero de cuarto se había ido y se llevaron mi equipo. Una semana después llamé y me dijeron que alguien se había llevado mi equipo. Me puse furioso. Colgué el teléfono; de verdad estaba que echaba rayos. Yo se los habría prestado si me lo hubieran pedido, pero por la manera en que se lo habían llevado era casi un hurto. Estaba muy disgustado y me la pasaba pensando en toda clase de cosas que les diría cuando regresaran.

Mientras tanto, había estado haciendo un estudio sobre la cualidad de carácter del perdón. Esa mañana había leído en la Biblia: «Tengan cuidado de no pagarle a nadie mal por mal, al contrario, procuren hacer siempre el bien, tanto entre ustedes como a todo el mundo. Estén siempre contentos. Oren en todo momento; den gracias por todo, porque eso es lo que Dios quiere de todos ustedes en Cristo Jesús» (1 Tesalonicenses 5:15-18). De pronto me di cuenta de que si estaba desarrollando la cualidad del perdón en mi vida, tenía que perdonar a los que se habían llevado mi equipo, y que tenía que alegrarme y dar gracias por esa situación.

Así que esa fue una situación concreta a la que Dios me había llevado para ayudarme a fortalecer la cualidad de carácter del perdón en mi vida diaria. Fue una situación difícil, pero fue parte de una aplicación de lo que aprendemos de las Escrituras. Escribir eso me ha capacitado para contar esa experiencia a otros.

Cómo llenar el formulario de estudio sobre cualidad de carácter

Use el formulario que encontrará al final de este capítulo para escribir el paso nueve de su estudio bíblico. Puede fotocopiar estas secciones o hacer un pedido de formularios impresos.

Muestra de un formulario lleno

Vea el ejemplo al final de este capítulo.

Tarea

Un buen lugar para empezar este estudio debería ser ir a través de las listas de cualidades que se encuentran en los pasajes del Nuevo Testamento. Algunas positivas son:

- Mateo 5:3-12, las bienaventuranzas.
- Gálatas 5:22-23, el fruto del Espíritu.
- Filipenses 4:4-9, cualidades admirables.
- 2 Pedro 1:5-8, cualidades que deberíamos desarrollar en nuestra vida.

No olvide tampoco el estudio de aspectos negativos, para que pueda esforzarse y librarse de esos rasgos. A continuación le presentamos algunos aspectos negativos:

- Gálatas 5:19-21, es una lista de las obras de la carne.
- 2 Timoteo 3:1-5, ¡no tiene nada que ver con estos!

A continuación le presento una lista de cualidades específicas que se enseñan a través de la Biblia y que usted debería estudiar y trabajar en ellas a lo largo de su vida.

Cualidades positivas

1. Servicio	9. Perdón
2. Honestidad	10. Generosidad
3. Humildad	11. Lealtad
4. Determinación	12. Ternura
5. Diligencia	13. Cooperación
6. Fidelidad	14. Disciplina
7. Disponibilidad	15. Sinceridad
8. Habilidad para enseñar	16. Contentamiento

Cualidades negativas

1. Holgazanería
2. Espíritu de crítica
3. Orgullo
4. Egoísmo
5. Infidelidad
6. Pasiones desordenadas
7. Rebeldía
8. Chismes
9. Ser desamoroso
10. Deshonestidad
11. Impaciencia
12. Preocupación
13. Miedos y temores
14. Lujuria
15. Amargura
16. Apatía

En las Escrituras se encuentran muchos otros, pero puede empezar con estas. Una lista mucho más larga de cualidades bíblicas negativas y positivas que señalan las Escrituras se encuentra al final del Apéndice C.

Una excelente fuente de estudios bíblicos sobre cualidades del carácter es el Instituto de Conflictos Básicos de la Juventud, que imparte Bill Gothard [en inglés]. Tanto en el seminario como en los recursos llamados «Claves del carácter», Gothard analiza y define cuarenta y nueve cualidades positivas del carácter, y da una clara definición de cada una, con un versículo de las Escrituras que enseña esa cualidad y su aspecto negativo (se puede obtener información sobre el seminario en el Instituto de Conflictos Básicos de la Juventud, apartado postal 1, Oak Brook, Illinois 60521).

Lecturas adicionales
La medida de una mujer, de Gene Getz (Editorial Clie).

Formulario de estudio de cualidad del carácter

---

1. Cualidad del carácter: intrepidez

«Manifestación de valor y ausencia de miedo; bravura; fuerza de voluntad para avanzar confiadamente en la presencia misma del peligro».

---

2. Aspecto opuesto: timidez, miedo

«Retroceder ante una circunstancia peligrosa o difícil, dudando, vacilando».

---

3. Estudio sencillo de la palabra:

Palabra del Antiguo Testamento: *bataj* significa «estar confiado».

Ejemplo: Proverbios 28: «Los justos viven *confiados* como un león».

Palabras del Nuevo Testamento: *tharreo* significa «estar confiado, seguro o ser atrevido».

Ejemplo: Hebreos 13:6: «Así que podemos decir con confianza: "El Señor es mi ayuda, no temeré lo que me pueda hacer el hombre"».

Parresiazomai significa «hablar confiadamente» o «con libertad».

Ejemplo: Hechos 19:8: «Durante tres meses Pablo estuvo yendo a la sinagoga, donde estuvo hablando sin ningún temor, y hablaba y trataba de convencer a la gente acerca del reino de Dios» (DHH).

Obras de consulta empleadas:

* *Young's Analytical Concordance to the Bible.*
* *Diccionario expositivo exhaustivo de palabras del Antiguo y Nuevo Testamento.*

4. Panoramas de las referencias cruzadas:

- Cristo habló con toda libertad de cara a sus opositores (Juan 7:26).

- Nuestra confianza y valor vienen de saber que el Señor nos ayudará en toda situación difícil (Hebreos 13:6).

- Pedro y Juan tenían valor porque habían estado con Jesús (Hechos 4:13).

- Cuando el Espíritu Santo llene su vida, será capaz de hablar la Palabra de Dios con plena confianza. Los primeros cristianos oraron pidiendo valor para testificar y Dios les contestó esa oración llenándolos con el Espíritu Santo (Hechos 4:29-31).

- Cuando el amor de Cristo esté en nosotros tendremos valor porque en el amor no hay temor. El amor perfecto echa fuera todo temor (1 Juan 4:17-18).

5. Estudio biográfico sencillo:

- El apóstol Pablo es el mejor ejemplo de valentía. Esa cualidad parece haber caracterizado toda su vida.

- Cuando era un cristiano recién convertido, en Damasco, testificó valerosamente de Cristo (Hechos 9:27).

- Por dondequiera que iba compartía su fe con valor, a pesar de la oposición y persecución:
  — En Jerusalén (Hechos 9:28-29).
  — En Antioquía de Pisidia (Hechos 13:46).
  — En Iconio (Hechos 14:3).
  — En Éfeso (Hechos 19:8).
  — En Tesalónica (1 Tesalonicenses 2:2).

- A las iglesias les escribió cartas en las que daba muestras de valor (Romanos 15:15).

- Le pidió a la gente que orara para que él pudiera predicar constantemente y enseñar con valor (Efesios 6:19-20).

- Su testimonio cristiano, mientras estuvo en la cárcel, hizo que otros hablaran con valor de Cristo (Filipenses 1:14).

- Incluso se enfrentó a la muerte con valor (Filipenses 1:20). «Pues espero firmemente que Dios no me dejará quedar mal, sino que, ahora como siempre, se mostrará públicamente la grandeza de Cristo en mí, tanto si vivo como si muero» (DHH).

6. Memorización de versículo o versículos:

«Así que podemos decir con confianza: "El Señor es mi ayuda; no temeré. ¿Qué me puede hacer el hombre?"» (Hebreos 13:6).

7. Una situación o relación (en la cual Dios quiere trabajar esta cualidad en mi vida):

He tenido miedo de testificarle a mi amigo Juan, que trabaja conmigo en la oficina.

8. Mi proyecto:

En primer lugar, le voy a pedir a mi esposa que ore conmigo para que yo pueda vencer mi timidez de hablarle de Cristo a Juan. Luego, cada día de esta semana voy a hacer un alto antes de ir a la oficina y le voy a pedir al Espíritu Santo que me llene y me dé el valor de hablarle de Cristo a Juan (Hechos 4:31).

9. Ilustración personal:

El lunes y martes de esta semana oré y pedí valor para testificarle a Juan, pero la oportunidad simplemente no se presentó. El martes por la noche decidí que necesitaba tomar más en serio mis oraciones, así que le he pedido a mi esposa que ore conmigo pidiendo específicamente una oportunidad de hablarle de mi fe a Juan el miércoles.

El miércoles por la mañana hice una pausa en la puerta de la oficina ante de entrar y oré en silencio, pidiendo que Juan pudiese sentir que yo «había estado con Jesús», como Pedro y Juan (Hechos 4:13). Luego fui y coloqué mi Biblia sobre mi escritorio, esperando que Juan la reconociera.

Durante el descanso Juan vino a hablar conmigo. Descubrió la Biblia y me preguntó: «¿Es una Biblia?»

Le contesté que sí. «¿La has leído alguna vez?»

«Últimamente no», contestó.

Le dije: «Bueno, he estado leyéndola mucho recientemente y he descubierto algunas cosas en ella». Luego le di un breve testimonio de lo que Dios ha estado haciendo en mi vida. Juan pareció estar un poco interesado, o por lo menos no se dio la vuelta y se fue. Es un comienzo, y le agradezco a Dios que me haya dado el valor de avanzar hasta aquí.

Formulario de estudio de cualidad del carácter

1. Cualidad de carácter:

2. Aspecto opuesto:

3. Estudio sencillo de la palabra:

4. Panoramas de las referencias cruzadas:

5. **Estudio biográfico sencillo:**

6. **Memorización de versículo o versículos:**

7. **Una situación o relación** (en la cual Dios quiere trabajar esta cualidad en mi vida):

8. Mi proyecto:

9. Ilustración personal:

4
Método
de estudio bíblico
temático

Cómo investigar temas de las Escrituras

En la introducción a este libro, mencionamos que el secreto de un buen estudio bíblico consiste en aprender a plantear preguntas correctas. Al hacer un estudio temático, usted decide sobre la base de un plan de preguntas que va a plantear acerca de un tema antes de buscar en la Biblia. Sus preguntas deben basarse en lo que Rudyard Kipling llamó sus «hombres honestos de servicio» en *El hijo del elefante*, de las citas de John Bartlett (Little, Brown and Company, p. 876).

> Mantengo seis hombres honrados de servicio
> Ellos me han enseñado todo lo que sé.
> Sus nombres son Qué, Por qué y Cuándo
> Cómo, Dónde y Quién.

Use los hombres al servicio de Kipling mientras prepara las preguntas que quiere hacer en su estudio temático. Estas preguntas, vitales para la observación, son: ¿Qué? ¿Por qué? ¿Cuándo? ¿Cómo? ¿Dónde? ¿Quién?

Definición

El método de estudio bíblico temático implica acercarse a un tema bíblico con un juego de más de cinco preguntas predeterminadas en mente. Usted tiene entonces que trazar el tema a lo largo de la Biblia, o de un solo libro, mediante esas preguntas, resumir sus conclusiones y escribir una aplicación a su vida.

El estudio temático se asemeja al estudio de tópicos (vea el capítulo 6), pero difiere de él en dos maneras. En primer lugar, el estudio temático es más corto que el de tópicos porque usted estudia unos cuantos versículos. Es, en efecto, un tipo limitado de estudio de tópicos. Un tópico puede tener muchos temas circulando a través de él. Por ejemplo, un tópico podría ser «Oración», pero usted podría estudiar los siguientes temas bajo ese tópico: «Las oraciones de Jesús», «Las oraciones de los escritores del Nuevo Testamento», «Requisitos de la oración contestada», «Promesas para la oración», «Intercediendo por otros», y varios temas más de la oración. Cuando hace un estudio temático, se concentra solo en los pasajes de las Escrituras que tratan el tema que escogió. Pero un estudio de tópicos debería examinar cada versículo que se relacione con el tópico general.

En segundo lugar, un estudio temático se diferencia de un estudio de tópicos en el número de preguntas que usted plantea. En un estudio de tópicos realiza todas las preguntas que pueda hacer porque su meta es descubrir tanto como sea posible acerca de ese tópico. El estudio temático está limitado a un máximo de cinco preguntas porque usted está interesado solo en encontrar las respuestas a unas cuantas preguntas que eligió con todo cuidado. Después de hacer una lista de todos los versículos que tienen que ver con el tema, debe examinar cada versículo planteando las preguntas que tenía preparadas.

La razón de un número limitado de preguntas es que un tema puede tener cien, doscientas o más referencias. Si hace un juego ilimitado de preguntas, se va a empantanar y a desanimar. Se va a sentir cansado de su estudio antes de haberlo terminado.

Una semana mi esposa decidió hacer un estudio temático con la expresión «La mano del Señor». En su Biblia de tópicos encontró solo siete versículos que usaban esa frase, y en su concordancia exhaustiva descubrió un total de doscientas diez referencias al tema bajo la palabra *mano*. El haber escogido hacer quince o veinte preguntas de cada versículo hubiera sido demasiado para ella.

Primer paso:	Escoja el tema que va a estudiar
Segundo paso:	Haga una lista de los versículos que intenta estudiar
Tercer paso:	Decida qué preguntas va a hacer
Cuarto paso:	Haga sus preguntas a cada referencia
Quinto paso:	Derive algunas conclusiones de su estudio
Sexto paso:	Escriba una aplicación a su vida

El por qué de este método de estudio bíblico

El propósito de este método es descubrir lo que pueda de un tema dado con preguntas preparadas de antemano que se pueda plantear ante cada versículo que haya escogido para su estudio. Este método también va a requerir algunas herramientas, pero tiene grandes ventajas para usarlo y vamos a incluir algunos consejos prácticos para su uso.

Herramientas que va a necesitar

Unas cuantas obras de consulta que se necesitan para este método de estudio bíblico:

- Biblia de estudio.
- Concordancia exhaustiva.
- Biblia con índice de tópicos.

Ventajas de este estudio

Usted tiene varias ventajas cuando usa este método de estudio bíblico.

1. No necesita muchas obras de consulta. Puede hacer un estudio limitado con solo tener una Biblia de tópicos. Pero una Biblia de tópicos no tiene una lista de todas las referencias sobre un tema particular, así que se beneficiará con el uso de una concordancia exhaustiva. Puede hacer una lista de cada palabra relacionada con el tema, luego investigar cada palabra en la concordancia y seleccionar el versículo que trate específicamente el tema que haya elegido.

2. Puede usar este método cuando no tenga tiempo para hacer un estudio exhaustivo de tópicos a causa de que el tema es demasiado extenso o porque el número de referencias que trata en las Escrituras es demasiado grande.

3. Este método es una buena manera de ver con antelación un tópico mediante la investigación de los puntos principales de sus temas subordinados antes de intentar hacer un estudio regular del mismo. O puede usar este método cuando solo le interese tener las respuestas de algunas preguntas que se relacionan con el tema. Siguiendo este método puede descubrir exactamente lo que quiere encontrar sin invertir mucho de su valioso tiempo en cuestiones que no tienen relación con el tema.

4. Este método es uno de los tipos de estudio bíblico personal más fácil de convertir en un sermón o en una lección de Escuela Dominical. Después de terminar su estudio personal, haga que cada una de sus preguntas sea un

punto principal en su discurso y comparta las respuestas bíblicas con su grupo, clase o congregación.

5. Este es un buen método para que se lo enseñe a su «Timoteo» o a un nuevo cristiano. Es bastante sencillo de captar, incluso para que alguien que no ha hecho ningún estudio bíblico personal, lo haga de modo productivo.

Algunos consejos para hacer este estudio

Debido a la sencillez de este estudio, y a lo peligroso de «llevarlo demasiado lejos», es necesario darle algunos consejos preventivos.

1. No use demasiadas preguntas. Incluso un tema subordinado a un tópico mayor puede ser tan vasto que puede tener cientos de referencias. Si usted preparara una lista con demasiadas preguntas, no podrá hacer un estudio eficiente. En un estudio temático *importante* no debe hacer más de tres preguntas.

2. A veces podrá hacer un estudio temático de una sola pregunta. A continuación le doy algunos ejemplos:

- ¿Qué es lo que Dios aborrece?
- De acuerdo con el Nuevo Testamento, ¿qué cosas debemos «soportar»?
- ¿Cuáles son las cosas que debemos «considerar» como cristianas?
- ¿Cuáles son los rasgos de un necio, según lo describe el libro de los Proverbios?
- Según Salomón (en los Proverbios), ¿cuál es el origen de la pobreza?

3. Muchas veces no va a encontrar la respuesta a cada una de sus preguntas en el mismo versículo. Cuando eso suceda, deje un espacio en blanco en su formulario y vaya a la siguiente pregunta.

4. Si no encuentra respuestas a ninguna de sus preguntas en sus versículos, tal vez tiene que revisarlas. Podría estar haciendo preguntas equivocadas. Tal vez está haciendo preguntas que a Dios no le interesa responder. Revise los versículos para ver qué es lo que en verdad dice Dios y ajuste sus preguntas a lo que Dios quiere decirle en esos pasajes.

5. Si quiere saber todo lo que Dios ha dicho sobre cierto tema en la Biblia, tendrá que usar una concordancia exhaustiva y buscar todas las palabras que se relacionan con el tema. Esto puede convertirse en un enorme

proyecto. Recuerde que las Biblias con índices de tópicos no son exhaustivas y que tendrá que usar la concordancia de Strong.

Pasos sencillos para hacer un estudio bíblico temático

Al hacer un estudio temático, deberá preparar algunas preguntas antes de buscar sus referencias. Estas deben incluir algunas de las seis grandes relacionadas con la investigación: ¿Qué? ¿Por qué? ¿Cuándo? ¿Cómo? ¿Dónde? ¿Quién? Estas palabras, cuando se usan en diferentes combinaciones, le darán un ilimitado número de preguntas para usarlas en su estudio bíblico personal. Por ejemplo, si usted fuese a hacer un estudio sobre el enojo en el libro de los Proverbios, podría hacer preguntas como estas:

- ¿Cuáles son las características de un hombre enojado?
- ¿Qué causa el enojo?
- ¿Cuáles son los resultados del enojo?
- ¿Cuál es la cura para el enojo?

Todas estas preguntas usan los términos «qué» y «cuáles», pero usted podría hacer tantas preguntas como lo desee usando las otras cinco preguntas.

Primer paso: Escoja el tema que va a estudiar

Seleccione un tema que le interese. Si este es su primer estudio de este tipo, empiece con uno que sea pequeño o corto. En la sección de tareas hay algunas sugerencias, incluyendo las preguntas y el ejemplo de un estudio terminado.

Segundo paso: Haga una lista de los versículos que intenta estudiar

Con el uso de las tres herramientas —Biblia de estudio, concordancia exhaustiva y Biblia con índice de tópicos—, haga una lista de todos los versículos de la Biblia que estén relacionados con el tema elegido. Recuerde tomar en cuenta los sinónimos y otras palabras similares y conceptos cuando use la concordancia. Seleccione de esta lista los versículos más importantes para su tema (a menos que intente descubrir todo lo que la Biblia dice acerca de su tema).

Tercer paso: Decida qué preguntas va a hacer

¿Cómo saber qué preguntas hacer? Escriba las que más le interesen. ¿Cuáles son algunas de las cosas que le gustaría saber acerca del tema que escogió?

Haga una lista de preguntas, pero que no sean más de cinco. Recuerde que a veces podría necesitar hacer solo una pregunta. Escriba su pregunta o todas las que tenga en el formulario o en una hoja de papel en blanco.

Cuarto paso: Haga sus preguntas a cada referencia

Lea todas sus referencias y hágale a cada versículo las preguntas que planteó. Escriba en el lugar correspondiente de su formulario o papel las respuestas que encontró. A veces podrá contestar las preguntas en un versículo dado, pero por lo general solo va a contestar algunas de ellas. Y puede ocurrir que un versículo no le conteste alguna de sus preguntas. Cuando una pregunta no tenga respuesta, deje esa parte del formulario en blanco. Si no consigue respuestas para sus preguntas, empiece a escribir un nuevo grupo de preguntas.

Quinto paso: Derive algunas conclusiones de su estudio

Después que haya leído todas sus referencias y haya contestado sus preguntas, regrese y resuma las respuestas a cada una de sus preguntas. Podría organizar su estudio en un bosquejo que agrupe versículos semejantes, con lo que estará convirtiendo sus preguntas en las principales divisiones del bosquejo. Esto le facilitará presentar sus descubrimientos a un grupo de estudio bíblico, clase de Escuela Dominical, con la congregación o con su «Timoteo».

Sexto paso: Escriba una aplicación a su vida

Para implementar lo que ha descubierto y hacerlo realidad en su vida, escriba una aplicación que sea práctica, posible y medible. Refiérase a los pasos sugeridos en el método devocional (capítulo 1) si necesita ayuda para desarrollar una aplicación efectiva.

Cómo llenar el formulario de estudio temático

Use el formulario de estudio temático que se encuentra al final de este capítulo o su propia hoja de papel. Si el formulario no tiene suficiente espacio para que pueda escribir sus referencias bíblicas, utilice las hojas de papel que necesite.

Para llenar el formulario

Llene los espacios en blanco del formulario (o en sus propias hojas de papel) de acuerdo con el siguiente procedimiento:

1. *Tema*: Seleccione el tema que quiera investigar, pero asegúrese de que no sea demasiado amplio y que no sea un tópico mayor.

2. *Haga un listado de referencias*: haga una lista de tantas referencias bíblicas como pueda necesitar para su estudio.

3. *Preguntas que debe hacer*: Prepare una lista de las preguntas que le va a hacer a cada una de sus referencias bíblicas (no más de cinco).

4. *Conteste las preguntas*: Aplique a cada una de las referencias las preguntas que seleccionó y escriba las respuestas en un espacio apropiado bajo cada referencia en esta sección (Preguntas A en todas las columnas para la A, Preguntas B en todas las columnas para la B, y así sucesivamente). Use hojas de papel extra si no tuviese espacio suficiente en el formulario.

5. *Conclusiones*: Escriba sus conclusiones y resuma los versículos que estudió.

6. *Aplicación*: Escriba una aplicación práctica, posible y medible.

Muestra de un formulario lleno
Vea el ejemplo de «la definición de un discípulo que dio Jesús» al final de este capítulo.

Tarea
Empiece sus estudios bíblicos temáticos con temas que sean sencillos y que tengan solo unas cuantas referencias bíblicas. A medida que se haga más eficiente en este método de estudio bíblico, podrá hacer sus temas más complejos y usar más pasajes bíblicos. A continuación le presentamos algunas ideas para que pueda empezar, incluyendo una muestra de preguntas que puede hacer. Trate de que estas preguntas sugeridas no lo restrinjan; proponga alguna propia para estos temas.

1. *Tema que será estudiado:* Conociendo la voluntad de Dios. Investigue la palabra *voluntad* en una concordancia y encuentre las referencias a *la voluntad de Dios; Dios y, su voluntad, voluntad del Señor, la voluntad del Señor*. Preguntas que se sugieren:
   a. ¿Qué cosas son precisamente la voluntad de Dios?
   b. ¿Por qué he de hacer la voluntad de Dios? (cosas como motivos y resultados).
   c. ¿Cómo he de hacer la voluntad de Dios? (cosas como actitudes y acciones).

2. *Tema para estudiar:* La obediencia (investigue las siguientes palabras: obedecer, obediencia, guardar, mandamientos, hacer y muchas otras que se les parezcan). Preguntas que se sugieren:

    a. ¿Por qué es importante la obediencia?

    b. ¿Cuáles son los resultados de la obediencia?

    c. ¿Cuáles son los resultados de la desobediencia?

    d. ¿Cómo se obedece a Dios?

3. *Tema para estudiar:* La alabanza al Señor en los Salmos (note cómo este tema se ha enfocado solo al libro de los Salmos. Investigue palabras como *alabanza, adoración, acción de gracias y gozo*). Preguntas que se sugieren:

    a. ¿Por qué debemos adorar al Señor?

    b. ¿Cómo puedo adorar al Señor?

    c. ¿Cuándo debo adorar al Señor?

    d. ¿Cuáles son algunos resultados de adorar al Señor?

4. *Tema para estudiar:* Las oraciones de Jesús (note cómo este tema también se ha delimitado a un solo aspecto de la oración. Investigue este tema en una Biblia con una lista de tópicos y las palabras *oración* y *uno que ora* en una concordancia, y escoja solo los pasajes de los Evangelios en los que se presenta a Jesús orando). A continuación le sugerimos algunas preguntas, pero debería escribir muchas otras que usted mismo escoja:

    a. ¿Cuán a menudo debo orar?

    b. ¿Cuándo oró Jesús?

    c. ¿Por qué debo orar como lo hizo Jesús?

    d. ¿Qué pidió Jesús en oración?

    e. ¿A quién debo orar?

Formulario de estudio temático

1. **Tema:** Jesús define a un discípulo
2. **Lista de referencias:** Mateo 10:24-25 Lucas 14:26-28 Lucas 14:33 Juan 8:31-32 Juan 13:34-35 Juan 15:8
3. **Preguntas para hacer:** A. ¿Cuáles son las características de un discípulo? B. ¿Cuáles son los frutos de ser un discípulo? C. D. E.
4. **Respuestas a las preguntas:** Referencia de las Escrituras: Mateo 10:24-25 A. Un discípulo debe ser como Cristo (su Señor). B. Debe esperar que lo traten como trataron a Cristo. C. D. E. Referencia de las Escrituras: Lucas 14:26-28 A. Un discípulo le da primacía a amar a Cristo, lleva su cruz y sigue a Cristo. B. (No hay ninguna respuesta) C.

D.

E.

Referencia de las Escrituras: Lucas 14:33
A. Un discípulo lo da todo por seguir a Cristo.

B. (No hay ninguna respuesta)

C.

D.

E.

Referencia de las Escrituras: Juan 8:31-32
A. Un discípulo se mantiene permanentemente en la Palabra de Cristo.

B. Cómo conoce la verdad, es libre.

C.

D.

E.

Referencia de las Escrituras: Juan 13:34-35
A. Un discípulo tiene amor por los demás.

B. Los demás sabrán que él pertenece a Cristo.

C.

D.

E.

Referencia de las Escrituras: Juan 15:8
A. Un discípulo da fruto.

B. Su fruto glorifica a Dios.

C.

D.

E.

Referencia de las Escrituras:
A.

B.

C.

D.

E.

Referencia de las Escrituras:
A.

B.

C.

D.

E.

Referencia de las Escrituras:
A.

B.

C.

D.

E.

5. Conclusiones:

Características que descubrí:

Un discípulo es…

- Como Cristo.
- Tiene un amor supremo por Cristo.
- Toma su cruz y sigue a Cristo.
- Lo entrega todo por seguir a Cristo.
- Permanece de continuo en la Palabra de Cristo.
- Ama a los demás.
- Produce fruto.

Resultados que descubrí:

- Debe esperar persecución.
- Conoce la verdad y es libre.
- Le da la gloria a Dios.
- Los demás se dan cuenta de que él pertenece a Cristo.

6. Aplicación:

1. Sobre la base de Juan 8:31-32

   Estableceré un tiempo habitual para tener un devocional en la Palabra, empezando mañana por la mañana.

2. Sobre la base de Juan 13.34-35

   Voy a demostrar amor por la persona que asiste a mi clase de Escuela Dominical y que me irrita invitándola a cenar la próxima semana.

Formulario de estudio temático

1. Tema:
2. Lista de referencias:
3. Preguntas para hacer:
4. Respuestas a las preguntas: Referencia de las Escrituras: A. B. C. D. E. Referencia de las Escrituras: A. B. C.

D.

E.

Referencia de las Escrituras:
A.

B.

C.

D.

E.

Referencia de las Escrituras:
A.

B.

C.

D.

E.

Referencia de las Escrituras:
A.

B.

C.

D.

E.

Referencia de las Escrituras:
A.

B.

C.

D.

E.

Referencia de las Escrituras:
A.

B.

C.

D.

E.

Referencia de las Escrituras:
A.

B.

C.

D.

E.

Referencia de las Escrituras:
A.

B.

C.

D.

E.

5. Conclusiones:

6. Aplicación:

5
Método
de estudio bíblico
biográfico

Cómo se sabe lo que
motivó a la gente de la Biblia

La Biblia se compone de numerosas historias de hombres y mujeres y sus relaciones con el Dios de amor que los creó. Estudiar las vidas de estos individuos es significativo y animador. Podemos aprender mucho sobre qué hacer y cómo ser mediante la observación de los atributos positivos de cientos de personas que llenan las páginas de las Escrituras. Y también es posible alcanzar, mediante esa observación, un vasto conocimiento y sabiduría observando las tremendas fallas y los aspectos negativos de algunas personas que menciona la Palabra de Dios.

Definición

Valiéndose del método de estudio bíblico biográfico, usted intentará investigar qué fue lo que hizo que un individuo tuviera éxito o fracaso en su vida. Cuando realiza un estudio biográfico, intenta llegar a conocer enteramente la vida interior de la persona que está estudiando. Pídale ayuda a Dios para lograr pensar y sentir como él, para que su estudio se convierta en una experiencia transformadora. Con este método, usted selecciona un personaje bíblico e investiga en las Escrituras acerca de ese personaje para estudiar su vida y su carácter.

La aplicación de este estudio llega cuando usted examina su propia vida a la luz de lo que aprendió y le pide a Dios que lo ayude a hacer cambios positivos de carácter en sus puntos débiles. Esto resultará en un gran crecimiento y madurez cristianos.

La importancia de las personas de la Biblia

La gente es importante para Dios. Estamos hechos a su imagen y semejanza, y la Biblia es un registro de los pactos que Dios hizo con hombres y mujeres. También es la revelación que Dios hizo de sí mismo, tanto con la gente como a través de ella. Para comprender la Biblia completamente, es necesario lograr conocer a los personajes prominentes de las Escrituras.

Muchas partes del Antiguo Testamento son textos narrativos que describen la vida de una gran cantidad de personas. El libro entero de Génesis, por ejemplo, gira alrededor de seis grandes nombres: Adán, Noé, Abraham, Isaac, Jacob y José. El apóstol Pablo dijo que Dios nos dio las historias del Antiguo Testamento como ejemplo, de las cuales debemos aprender valiosas lecciones para vivir para él en este mundo. Escribió: «Todo lo que antes se dijo en las Escrituras, se escribió para nuestra instrucción, para que con constancia y con el consuelo que de ellas recibimos, tengamos esperanza» (Romanos 15:4, RVR-60). También dijo: «Todo esto les pasó [a la gente del Antiguo Testamento] como un ejemplo para nosotros, y fue puesto en las Escrituras como una advertencia para los que vivimos en estos últimos tiempos» (1 Corintios 10:11).

Primer paso:	Seleccione el personaje bíblico que quiere estudiar
Segundo paso:	Haga una lista de todas las referencias acerca de esa persona
Tercer paso:	Escriba sus primeras impresiones (primer borrador)
Cuarto paso:	Haga un bosquejo cronológico (segundo borrador)
Quinto paso:	Consiga algunas revelaciones de la vida interior de la persona (tercer borrador)
Sexto paso:	Identifique algunas cualidades del carácter (cuarto borrador)
Séptimo paso:	Muestre cómo otras verdades bíblicas están ilustradas en su vida
Octavo paso:	Resuma la lección o lecciones principales
Noveno paso:	Escriba una aplicación personal
Décimo paso:	Haga que su estudio sea transferible

El Nuevo Testamento es un libro de instrucciones; el Antiguo Testamento es un libro de ilustraciones, aunque ambos contienen instrucciones e ilustraciones. Las verdades del Nuevo Testamento se ilustran en el Antiguo Testamento. Una de las mejores maneras de aprender el Antiguo Testamento es estudiando a su gente. Esto hace que las viejas Escrituras cobren vida verdadera.

La Biblia menciona mayores o menores detalles de más de tres mil personas. Cuando usted haya aprendido este método de estudio, tendrá abierta la puerta a una emocionante vida cumpliendo el estudio bíblico. Los estudios biográficos son interesantes de hacer y uno de los métodos más fáciles para encontrar aplicaciones personales.

Herramientas que va a necesitar

- Biblia de estudio.
- Concordancia exhaustiva.
- Biblia con índice de tópicos.
- Diccionario bíblico.

Consejos para hacer un buen estudio biográfico

Para hacer un estudio biográfico significativo, necesita mantener algunos puntos indicadores en mente.

1. Empezar con una persona de la que pueda hacer un estudio sencillo. Empiece con una de la cual haya pocas referencias. Algunos personajes bíblicos pueden estudiarse en unas cuantas horas, otros llevan semanas de estudio y otros personajes principales nos llevan toda una vida. No empiece haciendo el estudio de una persona como Jesús, Moisés o Abraham. Empiece con un personaje menor pero importante, como Andrés, Bernabé o María de Betania.

2. El secreto de un buen estudio biográfico consiste en «vivir» con la persona durante el transcurso de la investigación. Caminar con esa persona en sus sandalias. Intente entrar en su mente y ver cómo piensa, siente y actúa frente a las circunstancias. Intente ver las cosas desde su punto de vista, ver con sus ojos, oír con sus oídos, mezclarse entre sus amigos y luchar contra sus enemigos. Conviértase en esa persona mientras la está estudiando. Esto es posible solo si pasa mucho tiempo con esa persona, leyendo y releyendo todas las referencias bíblicas sobre ella.

Tengo un amigo, Wayne Watts, que se ha pasado toda una vida estudiando a Abraham. Ha estudiado a este personaje bíblico tanto tiempo que ha hecho suyas muchas de las características de Abraham. Es un gran hombre de fe, tal como lo era Abraham.

3. Tenga cuidado de no confundir a personas diferentes que tienen el mismo nombre cuando vea las referencias que hablan de ellas. Tiene que estar bien seguro de que el versículo está hablando de la persona que ha escogido para estudiarla. No querrá confundir a Juan el Bautista con Juan el apóstol ni con Juan Marcos. Ellos eran hombres diferentes. El contexto de sus versículos por lo general le va a decir de qué persona se trata. Por ejemplo, la Biblia muestra que los siguientes nombres eran populares, pero se refieren a diferentes personas.

- Zacarías: treinta hombres distintos.
- Natán: veinte hombres.
- Jonatán: quince hombres.
- Judas: ocho hombres.
- María: siete mujeres.
- Santiago: cinco hombres.
- Juan: cinco hombres.

4. Tenga cuidado al encontrarse con varios nombres que pueden aplicarse a la misma persona. Puesto que la Biblia procede de un contexto hebreo-arameo-griego, algunos nombres personales cambian de acuerdo con el lenguaje, tanto en el Antiguo como en el Nuevo Testamento. Al apóstol Pedro, por ejemplo, se le conoce como Pedro, Simón y Cefas. A los tres amigos de Daniel, Ananías, Misael y Azarías, se les conoce más como Sadrac, Mesac y Abednego. A veces un nombre varía a causa de un cambio de carácter, como en el caso de Jacob, cuyo nombre cambió por el de Israel. Así que sea prudente y encuentre todos los nombres que se usan para la misma persona en su Biblia de estudio.

5. Manténgase a distancia de los libros que se han escrito sobre esos personajes bíblicos hasta después que haya revisado exhaustivamente cada referencia bíblica sobre esa persona y exprimido toda posible revelación de esos textos. No permita que un comentarista le robe el gozo de descubrir algo por usted mismo ni que predisponga su opinión sobre esa persona. Primero haga su propio trabajo, luego consulte otras fuentes.

Pasos sencillos para hacer un estudio biográfico

El formulario de estudio biográfico tiene 10 secciones correspondientes a los pasos para hacer este estudio.

Primer paso: Elija al personaje bíblico que quiere estudiar

Podría empezar seleccionando alguno que tenga alguna debilidad que usted tenga o una fortaleza que le gustaría desarrollar. Escoja a una persona cuya vida le dará alguna idea valiosa de cómo puede conformarse más a las normas de Dios para vivir y ser cada día más como Jesucristo.

Segundo paso: Escriba una lista de todas las referencias acerca de esa persona

Utilizando sus obras de consulta, encuentre todas las referencias que pueda acerca de esa persona y las cosas que se relacionan con su vida. Ese proceso podría incluir cosas como su nacimiento, acontecimientos principales de su vida, sus proezas, lo que otros dijeron de él y su muerte. No siempre podrá obtener todo lo que necesita para hacer un registro de «estadísticas de vida» de cada persona que estudie, pero encuentre tantas como pueda.

También busque cualquier referencia que trate con el trasfondo histórico de la vida de ese personaje. Si estudia a Daniel, también necesitará estudiar el trasfondo de su tiempo, el cautiverio babilónico. Si estudia al apóstol Pablo, tiene que estudiar sus viajes misioneros.

Tercer paso: Escriba sus primeras impresiones (primer borrador)

Lea todas las referencias que tiene en la lista y haga algunas anotaciones. Escriba las primeras impresiones que tenga de esa persona. Luego escriba algunas observaciones básicas e información importante que haya descubierto sobre ella. Por último, haga una lista de cualquier problema, pregunta o dificultades que lo maravillaron mientras leía las referencias.

Cuarto paso: Prepare un bosquejo cronológico (segundo borrador)

Cuando se trate de un personaje bíblico principal, lea todas las referencias otra vez y haga un bosquejo cronológico de la vida de la persona. Esto lo ayudará a obtener una buena perspectiva de su vida y podrá ver cómo los distintos eventos se relacionan unos con otros. Más tarde, cuando estudie los eventos que se asocian con su vida, podrá saber en qué parte de su vida ocurrieron. Si son personajes bíblicos de menor importancia o de los que se dan pocos detalles de sus vidas, lea las referencias y haga un bosquejo que se base en la información que tenga. Trate de leer todas las referencias de una sola vez y en una traducción moderna. Esto lo ayudará a sentir el flujo de la vida de la persona. Mientras lee, busque cualquier división natural o principal de su vida. Luego busque y escriba sobre cualquier progreso y cambios de actitudes en la vida de esa persona con el paso del tiempo que encuentre. Por ejemplo, una división bien conocida en la vida de Moisés es:

- Cuarenta años en la corte del faraón, donde aprendió a ser alguien.
- Cuarenta años en el desierto de Madián, donde aprendió a no ser nadie.
- Cuarenta años en el desierto, donde aprendió que Dios es alguien.

Esta es la verdadera clave para estudiar los caracteres de las personas. Vea de qué manera lentamente Dios moldeó y cambió al personaje que usted ha elegido o cómo Satanás lo hizo caer.

Quinto paso: Conozca algo del interior de la persona (tercer borrador)

Regrese a las referencias otra vez y busque posibles respuestas para las preguntas sugeridas en el Apéndice B. Al contestar algunas de estas preguntas, logrará tener algunas informaciones útiles del carácter de la persona que está estudiando.

Sexto paso: Identifique algunas cualidades del carácter (cuarto borrador)

Mientras revisa las referencias una vez más, use como lista de control aquella que se sugiere de las características positivas y negativas en el Apéndice C. Haga una lista en su formulario o papel de cada característica, buena o mala, que se muestre en la vida de la persona. Dé un versículo de referencia que muestre cada particularidad que haya observado.

Séptimo paso: Muestre cómo otras verdades bíblicas se ilustran en su vida

Examine la vida de la persona para ver de qué manera ilustra otras verdades que la Biblia enseña. Por ejemplo, ¿ilustra la vida de esa persona el principio de «cosechas lo que siembras»? Busque ilustraciones de alguno de los proverbios en la vida de esa persona, y los principios que se enseñan en los salmos. Por ejemplo, podría preguntar: «¿Ilustra su vida la promesa "Deléitate asimismo en el Señor y él te concederá las peticiones de tu corazón"?» (Salmo 37:4). Encuentre referencias que modelen lo que la Biblia dice de algunas de las características que encontró en la vida de esta persona.

Octavo paso: Resuma la lección o lecciones principales

En unas cuantas oraciones, escriba la que crea que es la lección principal que se enseña en la vida de esa persona modelo. ¿Hay alguna palabra que podría describir la vida de esta persona? ¿Cuál es la característica sobresaliente de él o de ella?

Noveno paso: Escriba una aplicación para su vida

Consulte el método de estudio devocional (capítulo 1) acerca de las especificaciones para escribir una aplicación para su vida. Además de los principios que se sugieren allí, podría hacerse a sí mismo estas preguntas adicionales:

- ¿Vi algo de mí mismo en la vida de esta persona?
- ¿Mostró alguna de mis debilidades?
- ¿Me reveló alguna de mis fortalezas?
- ¿Qué fue lo que más me impresionó de la vida de esta persona?
- ¿Dónde me quedo corto en esto?
- ¿Qué debo intentar al respecto?

Décimo paso: Haga que su estudio sea transferible

Condense lo que ha aprendido en un bosquejo sencillo que lo ayude a recordarlo y le permita contarles sus conclusiones a otras personas. Hágalo transferible. Pregúntese: «¿Qué le puede decir la vida de esta persona a otros? ¿Qué puedo contar de lo que he aprendido que pueda ser de ayuda para otras personas?»

Divida la información en secuencias naturales de tiempo o hecho y lecciones que aprendió. Emplee los progresos que ha encontrado y registrado. Luego piense en alguna manera fácil de recordar el título de cada sección. Mantenga dichos títulos fieles al contenido principal de cada sección, y haga uso de rimas, aliteraciones y otros recursos nemotécnicos. ¡Use su imaginación en este último paso!

Una ilustración de un bosquejo transferible de la vida de Bernabé podría parecerse a esto:

- Fue un *inversionista* de dinero en la vida de los miembros de la iglesia (Hechos 4:36-37).
- Fue el *presentador* de Saulo (más tarde Pablo) a los apóstoles (Hechos 9:26-28).

- Fue el supervisor de la nueva iglesia en Antioquía (Hechos 11:22-24).
- Fue *instructor* de nuevos cristianos, entre ellos Pablo y Marcos (Hechos 11:22-26; 15:39).
- Fue el *iniciador* del primer viaje misionero, en el cual empezó como líder del equipo pero terminó como miembro del equipo (Hechos 13:14).
- Fue *intérprete* de la doctrina de la salvación y del plan de Dios para los gentiles (Hechos 13–14).
- Fue *insistente* en darle a Marcos otra oportunidad de entrenamiento en el ministerio de la evangelización (Hechos 15:36-39).

Conclusión

En el procedimiento de diez pasos que acabamos de ver, se le ha sugerido que lea todas las referencias cuatro veces. Pero en realidad ese es el número mínimo. Mientras más veces repase los pasajes que hablan de la persona que está estudiando, más cosas va a poder observar. (Vea las secciones de observación en el capítulo 10 de este libro.)

Cómo llenar el formulario de estudio biográfico

Al final de este capítulo hay un formulario de estudio biográfico que puede reproducir o usar como guía para escribir sobre sus propias hojas de papel. El formulario da una lista de los 10 pasos que ya estudió para hacer este estudio.

Para llenar el formulario

Llene los espacios en blanco de cada una de las diez partes como se describió en la sección de arriba. Si acaso necesita más espacio, use la parte trasera del formulario o permítase más espacio en su propia hoja de papel.

Muestra de un formulario lleno

Vea la muestra sobre la vida de Esteban al final de este capítulo.

Tarea

El Apéndice D le proporciona una lista de hombres y mujeres importantes o secundarios de la Biblia. Seleccione algunas personas en las que esté particularmente interesado. Si recién está empezando este método de estudio, tal vez quiera hacer la siguiente lista de personas:

1. María de Betania
2. Andrés
3. Caleb
4. Rut
5. Daniel

Lecturas adicionales

Muchos son los libros que se han escrito sobre hombres y mujeres de la Biblia. El que sé que existe en castellano y recomiendo es *Todas las mujeres de la Biblia*, de Herbert Lockyer. Probablemente haya otros. Recuerde, sin embargo, no leer los libros antes de hacer su propio estudio; primero haga su estudio y luego revise para ver lo que otros han descubierto de esa persona.

Formulario de estudio biográfico

1. Nombre: Esteban

2. Referencias de las Escrituras:
          Hechos 6:3—8:2
          Hechos 11:19
          Hechos 22:20

3. Primeras impresiones y observaciones:

Esteban fue uno de los primeros cristianos que tuvo un gran testimonio en la iglesia, fue un poderoso predicador y testigo, y estuvo dispuesto a morir por su fe.

4. Bosquejo de su vida:

A. La primera iglesia lo escogió como un líder
1. Para ayudar a resolver un conflicto (Hechos 6:5).
2. Sobre la base de ciertas características de piedad (Hechos 6:3, 5, 8).

B. Tuvo un amplio ministerio
1. Atendió las mesas (Hechos 6:2, 5).
2. Hizo milagros (Hechos 6:8).
3. Predicó y enseñó con poder (Hechos 6:10).

C. Sufrió persecución
1. Sufrió la oposición de judíos «extranjeros» (Hechos 6:9).
2. Lo acusaron falsamente (Hechos 6:11).
3. Lo arrestaron y llevaron ante el Sanedrín (Hechos 6:12-14).
    a. Falsos testigos testificaron en su contra.
    b. Se defendió con una revisión magistral de las Escrituras del AT (Hechos 7:2-53).
    c. Testificó de Jesús (Hechos 7:55-56).
    d. Una chusma airada lo linchó (Hechos 7:57-60).

D. *Tuvo un ministerio después de su muerte.* La persecución hizo que la iglesia se extendiera (Hechos 8:2-4; 11:19).

5. **Perspectivas generales** (respuestas a las preguntas):

A. ¿Por qué lo escogieron para que fuera líder? Porque:
- Era un hombre lleno del Espíritu Santo y de sabiduría (Hechos 6:3).
- Era un hombre lleno de fe y del Espíritu (Hechos 6:5).
- Era un hombre lleno de la gracia de Dios y de poder (Hechos 6:8).
- Conocía las Escrituras (Hechos 7:2-53).

B. ¿Cuál fue su respuesta a las falsas acusaciones? Conservó la calma, permaneció en silencio y solo contestó cuando el sumo sacerdote lo interrogó.

C. ¿Tiene su vida algún paralelismo con la de Jesús? Sí, lo acusaron falsamente, demostró amor y preocupación por sus acusadores y sufrió una muerte inmerecida.

D. ¿Cuál fue su actitud respecto de sus verdugos? Los perdonó, incluso hasta el punto de orar que Dios les perdonara su asesinato.

E. ¿Cuáles fueron los resultados a largo plazo de su vida, ministerio y muerte?
Impulsaron el plan de Dios. Su muerte hizo que los discípulos se esparcieran y llevaran el evangelio a otras partes de Judea, Samaria y demás regiones más allá de Palestina en cumplimiento de Hechos 1:8. Su muerte también ayudó a llevar a Pablo al Señor.

6. **Cualidades del carácter identificadas:** el libro de los Hechos
   - Lleno del Espíritu (6:3,5,10)
   - Sabio (6:3,10)
   - Fiel (6:5)
   - Disponible para Dios (6:8)
   - Persistente (6:10)
   - Santo (6:15)
   - Preparado (capítulo 7)
   - Fuerte (7:51-53)
   - Valiente (7:51-53)
   - Perdonador (7:60)
   - Respetado por otros (8:2)
   - Testigo de Jesús (22:20)

7. **Verdades bíblicas ilustradas en la vida de Esteban:**

   - La presencia y consuelo del Espíritu Santo en los conflictos de la vida (Hechos 7:54-55: Hebreos 13:5-6).
   - Falsas acusaciones y persecución llegarán a nuestra vida (Hechos 6:11ss)
   - La gracia de Dios es suficiente cuando caminamos junto a él (Hechos 6:10; 1 Corintios 1:27-31; 2 Corintios 12:9).

8. **Resumen de las lecciones aprendidas de la vida de Esteban:**

   Las características sobresalientes de Esteban fueron su consagración al Señor y su disposición voluntaria para hacer cualquier cosa para él, incluso dar su vida.

   Su consagración se ve en el hecho de que fue un hombre que caminó con Dios (fue «lleno del Espíritu Santo, sabiduría, fe, gracia de Dios y poder»). Dio un gran testimonio ante otros y ante la iglesia. Testificó a la gente en la vida y en la muerte.

   Fue, además, un hombre de la Palabra. Conocía de verdad su Biblia, el Antiguo Testamento. Debió haber pasado horas estudiando rollos y pergaminos.

9. Aplicación a mi vida:

Debo convertirme en una persona como Esteban, una persona de la Palabra que conoce a Jesucristo íntimamente y que es capaz de responder con las Escrituras cuando le plantean preguntas. Como resultado de este estudio me comprometeré a tener un devocional diario de por lo menos quince minutos para poder conocer mejor a Cristo. También me voy a comprometer a memorizar dos versículos de las Escrituras cada semana para poder contestar a las personas que me hagan preguntas.

10. Conceptos transferibles (maneras en que puedo contarle esto a otros)

Conceptos de este estudio que son trasferibles.
A. La necesidad que tenemos de caminar con Jesucristo. La única manera en que podemos llegar a ser hombres y mujeres de fe y sabiduría como Esteban es teniendo un tiempo devocional diario con el Señor. Esteban caminó de manera dinámica con Jesucristo.

B. La necesidad de acudir regularmente a la Palabra de Dios: estudio de la Biblia y memorización de las Escrituras. Si voy a conocer la Biblia como la conocía Esteban, necesito dedicarle buen tiempo para que pueda enseñarles a otros a hacerlo también. Este libro me puede ayudar a hacerlo. Debo contarles este método a otros.

C. La necesidad de animar a otros en tiempos de adversidad y persecución. Necesito pedirle a Dios en oración que me dé valor.

11. Personas a quienes intentaré hacerles conocer este estudio:

Patricio González y Tomás Porras (por correo electrónico).

Formulario de estudio biográfico

1. Nombre:
2. Referencias de las Escrituras:
3. Primeras impresiones y observaciones:
4. Bosquejo de su vida:

5. Perspectivas generales (respuestas a las preguntas):

6. Cualidades del carácter identificadas:

7. Verdades bíblicas ilustradas en la vida de Esteban:

8. Resumen de las lecciones aprendidas de la vida de Esteban:

9. **Aplicación a mi vida:**

10. **Conceptos transferibles** (maneras en que puedo contarle esto a otros)

11. **Personas a quienes intentaré hacerles conocer este estudio:**

6
Método de estudio bíblico por tópicos

Cómo seguir un tema a través de las Escrituras

Una de las maneras más emocionantes de conocer la Biblia es mediante el estudio de tópicos. El método por tópicos es semejante al método temático, analizado en el capítulo 4. Sin embargo, hay diferencias importantes entre ellos. Una diferencia es que por lo general el método por tópicos lleva más tiempo que el método temático porque es necesario estudiar más versículos. Por lo general un tópico tiene muchos temas menores que se desprenden de él. En el estudio de un tópico debe tener en cuenta todos los temas relacionados. Otra diferencia entre el estudio por tópicos y el temático es que con el primero uno no decide qué preguntas quiere hacer por anticipado a su estudio. En vez de eso, examina cada versículo sin pautas predeterminadas y registra todos los descubrimientos que hace. No limita su estudio a nada más encontrar las respuestas a cuatro o cinco preguntas, como lo hace en el método temático.

Definición
El método de estudio bíblico por tópicos implica seleccionar un tema bíblico y rastrearlo a través de un solo libro, del Antiguo o del Nuevo Testamento, o por toda la Biblia, para descubrir qué dice Dios de ese tópico. Requiere el uso extenso de referencias cruzadas y las preguntas que uno se hace ante un texto dado son ilimitadas. Algunos buenos ejemplos de estudios de tópicos se pueden encontrar en la parte trasera de la *Biblia de referencia Thompson*. Cada libro contiene un número de tópicos que el autor ha hilado con

sumo cuidado. El método de estudio por tópicos puede usarse para estudiar una doctrina, una idea, una frase, o básicamente cualquier asunto que se menciona en la Biblia.

La importancia del estudio de tópicos

Es importante que para el uso del método de estudio por tópicos tome en cuenta las siguientes razones:

1. Lo capacita para que estudie la Palabra de Dios en forma sistemática, lógica y de una manera ordenada.

2. Le da una perspectiva y balance apropiados de acuerdo con la verdad bíblica. Logra de esta forma ver la totalidad de una enseñanza bíblica.

3. Le permite estudiar temas que son de su particular interés.

4. Lo capacita para estudiar las grandes doctrinas de la Biblia.

5. Se presta para tener buenas y vivas discusiones. El resultado del estudio de un tópico siempre es fácil de compartir con otros.

6. Le permite tener variedad en su propósito de estudiar la Biblia toda la vida. El número de tópicos bíblicos que puede estudiar también es ilimitado.

Herramientas que va a necesitar

Las obras de consulta que va a necesitar para este método de estudio son las normales. Recuerde que la Biblia de tópicos no tiene cada versículo en un tópico dado. Si usted quiere hacer un estudio completo de un tópico dado,

Primer paso:	Compile una lista de términos
Segundo paso:	Reúna las referencias bíblicas
Tercer paso:	Considere cada referencia por separado
Cuarto paso:	Compare y agrupe las referencias
Quinto paso:	Condense su estudio en un bosquejo
Sexto paso:	Concluya su estudio

tendrá que usar una concordancia exhaustiva. Las herramientas que va a necesitar son:

- Una Biblia de estudio
- Una concordancia exhaustiva
- Una Biblia con una lista de tópicos

Sugerencias para un buen estudio de tópicos

El doctor R. A. Torrey, un gran erudito y maestro de la Biblia, da tres sugerencias que son útiles al estudiar tópicos bíblicos (*The Master Bible*, J. Wesley Dickson y Co., p. 1.660). Son las siguientes:

1. *Sea sistemático*. No intente estudiar la Biblia de un modo desordenado, que es fundamentalmente una manera indisciplinada. Haga una lista de todas las cosas que se conecten con su tópico y de forma tan amplia y completa como le sea posible. Luego siga con estos temas, uno a la vez, estudiándolos en un orden lógico y sistemático.

2. *Sea minucioso*. Hasta donde le sea posible, encuentre y estudie cada versículo que se relacione con el tópico. La única manera de saber todo lo que Dios ha dicho acerca de ese tópico es ir a través de toda la Biblia, en busca de los pasajes que se conecten con ese tópico. Use su concordancia para hacerlo.

3. *Sea preciso*. Intente conseguir el significado exacto de cada versículo que estudie. Asegúrese de examinar el contexto de cada versículo para evitar malas interpretaciones. El error más grande que debe evitar es tomar un versículo fuera de su contexto.

Pasos sencillos para hacer el estudio de un tópico

En esencia, el estudio de tópicos consta de seis pasos, cada uno los cuales puede resumirse en una palabra:

- *Compile* una lista de todos los términos que se vinculen con el tópico.
- *Coleccione* todas las referencias.
- *Considere* cada versículo individualmente.
- *Compare* todas las referencias una con otra.
- *Concentre* sus hallazgos en un bosquejo.
- *Concluya* con un resumen y aplicación del tópico.

Antes de empezar con los seis pasos, escoja un tópico que le interese estudiar. Puede mencionarse claramente o simplemente implicado en el texto, pero debe ser importante, tanto en contenido como en interés personal. Cuando empiece a practicar este método de estudio escoja un tópico que no sea tan vasto ni le consuma demasiado tiempo. Limite su tópico a las referencias que encontró en uno de los Testamentos o en un solo libro de la Biblia.

Primer paso: Compile una lista de términos

Haga una lista de todos los términos que se relacionan (sinónimos y antónimos), frases, eventos y todo lo que pudiera tener algo que ver con el tópico que escogió. Si está estudiando el tópico del «sufrimiento», por ejemplo, tal vez querrá hacer una lista de términos como aflicción, ira, represión, enojo, salud, pena, dolor, prueba y tribulación. Si ve que su tópico se ha hecho demasiado amplio, redúzcalo a un tamaño manejable.

Segundo paso: Reúna las referencias bíblicas

Tome sus obras de consulta y empiece a reunir todos los versículos sobre su tópico que pueda encontrar. Busque en su concordancia cada palabra que tenga que ver con él y que haya anotado en la lista del Primer paso. Haga una lista de todos los versículos que de alguna manera tengan relación con el tópico. También va a necesitar usar su Biblia de tópicos para encontrar versículos para estudiar.

Tercer paso: Considere cada referencia por separado

Con el uso de la tabla de comparación que está al final de este capítulo, busque, lea y estudie cada referencia por separado y escriba en ella sus observaciones y perspectivas (use la tabla de comparación tanto para el tercer paso como para el cuarto). Cerciórese de revisar el contexto (los versículos que lo rodean, anteriores y posteriores) con todo cuidado cuando estudie un versículo, para asegurarse de que está haciendo una interpretación correcta.

Hágale tantas preguntas como pueda a cada versículo que está estudiando. Recuerde aplicar las importantes preguntas: qué, por qué, cuándo, dónde, quién y cómo. No olvide definir todas las palabras clave por las que ha pasado.

Cuarto paso: Compare y agrupe las referencias

Después que haya estudiado por separado y cuidadosamente todos los versículos, empiece a observar que algunas de las referencias se complementan entre sí de un modo natural y tratan los mismos asuntos del tópico que está sujeto a estudio. Clasifique estas referencias en una hoja de papel.

Quinto paso: Condense su estudio en un bosquejo

Use las categorías del cuarto paso, arregladas de un modo lógico, como sus principales divisiones y bosqueje su estudio. Este paso organizará su trabajo para facilitarle que pueda hacérselo partícipe a otros. Haga esto agrupando las referencias que se conecten o aquellas semejantes en divisiones naturales. Luego organice estas divisiones en un patrón lógico.

Sexto paso: Concluya su estudio

En su conclusión de dos partes, resuma sus hallazgos en un breve párrafo. Luego escriba una aplicación práctica que se derive de sus conclusiones. Recuerde que debe ser personal y práctica, escribiendo una aplicación lógica y medible.

Cómo llenar el formulario de estudio por tópicos

Al final de este capítulo va a encontrar un formulario que puede usar o copiar en su propia hoja de papel.

Para llenar el formulario

Siga los pasos que se le han dado, agregue formularios extras para los pasos tres y cuatro según necesite, y use hojas adicionales de papel si precisa espacio para los pasos cinco y seis para un estudio más amplio. Siga el siguiente procedimiento:

- *Tópico*: Elija el tópico y escriba en el primer espacio en blanco el nombre exacto de lo que planea estudiar.
- *Lista de términos*: Escriba cualquier término relacionado con el tópico, las que estará buscando en una concordancia y en una Biblia con lista de tópicos.
- *Referencias bíblicas*: Haga una lista de todas las referencias bíblicas que haya encontrado que se refiera al tópico.
- *Tabla de comparación*: (La va a usar para los pasos tres y cuatro.) Llene la tabla de la siguiente manera:
  a. Referencias: Escriba el versículo (o versículos) de la versión bíblica que haya escogido o solo haga una lista de cada referencia.
  b. Referencias cruzadas; Busque otros versículos de la Biblia que complementen o arrojen luz sobre el versículo que está estudiando.

c. Observación y descubrimientos: Registre los hallazgos que haga.

- *Comparación y agrupación*: Después que haya llenado su tabla con cada versículo, compárelos unos con otros. En una hoja aparte o en un papel improvisado, agrupe los versículos que sean semejantes.
- *Condense su bosquejo*: Use las categorías que desarrolló en el cuarto paso y haga un bosquejo de su estudio. No hay una fórmula mejor que otra de bosquejar su estudio, así que hágalo de la manera que le sea más fácil.
- *Conclusión:* Escriba un resumen de sus conclusiones en este espacio. Luego describa una manera en que pueda aplicar en su vida lo que ha aprendido.

Muestra de un formulario lleno
Vea el ejemplo al final de este capítulo.

Tarea
Un tópico a estudiar es uno de los modos más interesantes en que puede estudiar la Biblia. Y el número de tópicos que puede elegir es ilimitado. A continuación le sugerimos algunos temas importantes de la Biblia que pueden estudiarse por tópicos:

1. Doctrinas	7. Actitudes
2. Milagros	8. Animales
3. Oraciones	9. La familia
4. Problemas	10. Grandes cuestiones
5. Promesas	11. Deberes para con Dios
6. Profecías	12. Disciplinar

Lecturas adicionales
Hay a disposición un gran número de valiosos textos que tratan tópicos encontrados en la Biblia. Algunos de los más útiles en esta cuestión están escritos por el doctor Herbert Lockyer y publicados por Zondervan, algunas de las cuales están en castellano.

Todas las doctrinas de la Biblia
Todas las oraciones de la Biblia
Todos los milagros de la Biblia
Todas las profecías de la Biblia
Todas las promesas de la Biblia

Formulario de estudio de tópicos

Tópico: el hombre fiel (2 Timoteo 2:2)

1. Compile una lista de términos:
fiel

2. Coleccione las referencias bíblicas:

Números 12:7

1 Samuel 2:35

1 Samuel 22:14

Nehemías 7:2

Nehemías 13:13

Isaías 8:2

Daniel 6.4

Salmo 12:1

Proverbios 20:6

Proverbios 28:20

Mateo 24:45

Lucas 16:10-13

Lucas 19:17

1 Corintios 1:9

1 Corintios 4:1-2, 16-17

1 Corintios 10:13

Efesios 6:21

Colosenses 1:7

Colosenses 4:7, 9

1 Timoteo 1:12

2 Timoteo 2:2

1 Pedro 5:12

1 Juan 1:9

Formulario de estudio de tópicos: Tabla de comparación

Pasos 3 y 4 Versículos	Referencias cruzadas	Observaciones y descubrimientos
Números 12:7		• Dios llamó fiel a Moisés.
1 Samuel 2:35		• Se había profetizado que Samuel sería un hombre fiel. • Un hombre fiel obedece la voluntad de Dios.
1 Samuel 22:14		• Abimelec llamó a David hombre fiel.
Nehemías 7:2	Mateo 24:45	• Nehemías llamó a Ananías hombre fiel. • A un hombre fiel se le dan funciones de liderazgo.
Nehemías 9:7-8		• Dios consideró a Abraham un hombre fiel.
Nehemías 13:13		• Nehemías consideró como hombres fieles a los administradores, luego de darles esa responsabilidad.
Isaías 8:2		• Urías y Zacarías fueron testigos fieles delante de Dios.

Versículos	Referencias cruzadas	Observaciones y descubrimientos
Daniel 6:4	Juan 19:4	• Los príncipes de Persia no pudieron acusar de ninguna maldad a Daniel porque él era un hombre fiel. • Un hombre fiel vive un testimonio limpio delante del mundo.
Salmo 12:1	Proverbios 20:6 Filipenses 2:19-20	• Los hombres fieles son escasos en número y son difíciles de encontrar.
Proverbios 20:6	Filipenses 2:19-22	• No hay muchos hombres fieles en el mundo. • Un hombre fiel tiene cuidado de los demás y se interesa en ellos, mientras que un hombre infiel siempre presume de sí mismo y busca que lo sirvan.
Proverbios 28:20		• Un hombre fiel tiene abundancia de bendiciones. • Un hombre fiel tiene valores correctos, en contraste con un hombre ávido de riquezas.
Mateo 24:45	Nehemías 7:2	• A un hombre fiel se le dan funciones de liderazgo.
Mateo 25:21-23	Lucas 19:17	• Un siervo fiel recibirá como recompensa importantes responsabilidades en el cielo y experimentará el gozo de Dios por su fidelidad.

Versículos	Referencias cruzadas	Observaciones y descubrimientos
Lucas 16:10-13		• Este pasaje muestra cuatro maneras de poner a prueba la fidelidad del hombre: 1. Lo prueba en pequeñas cosas antes de darle asuntos mayores. 2. Lo prueba en asuntos no espirituales antes de confiarle verdades espirituales. 3. Lo prueba en cómo valora lo que no es él. 4. Prueba su consagración a Dios.
Lucas 19:17	Mateo 25:21-23	• Dios recompensa con una mayor responsabilidad a un siervo fiel.
1 Corintios 1:9	1 Corintios 10:13 1 Juan 1:9	• Dios es fiel.
1 Corintios 4:1-2		• Un hombre fiel da muestras de una mayordomía sabia.
1 Corintios 4:16-17	Efesios 6:21 Colosenses 1:7 Colosenses 4:7, 9	• Pablo llamó hombre fiel a Timoteo. • Un hombre fiel que discipula muestra confianza en su discípulo mandándolo en su lugar.
1 Corintios 10:13	1 Corintios 1:9 1 Juan 1:9	• Dios es fiel.
Efesios 6:21	Colosenses 4:7	• Pablo llamó ministro fiel a Tíquico.

Versículos	Referencias cruzadas	Observaciones y descubrimientos
Colosenses 1:7		• A Epafras lo llamaron ministro fiel de Jesucristo.
Colosenses 4:7	Efesios 6:21	• Pablo envió a Tíquico a los colosenses porque era un hombre digno de confianza, era un hombre fiel.
Colosenses 4:9		• Pablo consideraba a Onésimo un hombre fiel.
1 Timoteo 1:12		• Dios consideraba fiel a Pablo. • A un hombre fiel se le concederá un ministerio.
2 Timoteo 2:2		• A un hombre fiel se le confían verdades espirituales. • Un hombre fiel transmite a otros lo que ha aprendido.
1 Pedro 5:12		• Pedro llamó fiel a Silas.

Formulario de estudio por tópicos, paso 5

Bosquejo condensado:

I. La fidelidad es una cualidad divina

    A. 1 Corintios 1:9

    B. 1 Corintios 10:13

    C. 1 Juan 1:9

II. Los hombres fieles son difíciles de encontrar

    A. Salmo 12:1

    B. Proverbios 20:6

    C. Filipenses 2:19-20

III. Ejemplos bíblicos de hombres fieles

    A. Ejemplos del Antiguo Testamento
       1. Abraham: Nehemías 9:7-8
       2. Moisés: Números 12:7
       3. Samuel: 1 Samuel 2:35
       4. David-1 Samuel 22.14
       5. Hananías: Nehemías 7:2
       6. Los administradores de Nehemías: Nehemías 13:13
       7. Urías y Zacarías: Isaías 8:2
       8. Daniel: Daniel 6:4

    B. Ejemplos del Nuevo Testamento
       1. Timoteo: 1 Corintios 4:17
       2. Tíquico: Efesios 6:21
       3. Epafras: Colosenses 1:7
       4. Onésimo: Colosenses 4:9
       5. Pablo: 1 Timoteo 1:12
       6. Silas: 1 Pedro 5:12

    C. Descubrimientos
       1. Pablo entrenó a muchos de los hombres a los que en el Nuevo Testamento se les considera fieles.

2. Pablo mismo fue un hombre fiel. Fue un ejemplo para aquellos a los que entrené.

IV. Características de un hombre fiel

A. Cuida de los intereses de otros, no de los suyos (Proverbios 20:6; Filipenses 2:19-22).

B. Tiene valores elevados. No se afana por enriquecerse (Proverbios 28:20).

C. Vive un testimonio limpio ante el mundo (Daniel 6:4).

D. Obedece la voluntad de Dios (1 Samuel 2:35).

E. Demuestra sabiduría en su mayordomía (1 Corintios 4:1-2).

F. Les transmite a los demás lo que ha aprendido (2 Timoteo 2:2).

V. Maneras de probar la fidelidad de un hombre (Lucas 16:10-13)
A. Se le prueba en pequeñas responsabilidades antes de darle otras más grandes (v. 10).

B. Se le prueba en asuntos no espirituales antes de que se le confíen los espirituales (v. 11).

C. Se le prueba en cómo valora lo que no es de él antes de darle lo que es de él. Se le observa que sirva con fidelidad en algunos otros ministerios antes de enviarlo con el suyo (v. 12).

D. Se pone a prueba su consagración con Dios (v. 13).

VI. Beneficios de ser un hombre fiel
   A. Se le dan funciones de liderazgo (Nehemías 7:2; Mateo 24:45).

   B. Tiene abundancia de bendiciones (Proverbios 28:20).

   C. Se le recompensará con mayores responsabilidades en el cielo y experimentará el gozo de Dios en su fidelidad (Mateo 25:21, 23; Lucas 19:17).

   D. Se le da un ministerio (1 Timoteo 1:12).

   E. Se le confían verdades espirituales (2 Timoteo 2:2).

   F. Como discipulador muestra confianza en sus discípulos mandándolos en su lugar (1 Corintios 4:16; Filipenses 2:19-24; Efesios 6:21).

6. **Conclusión:** (Resumen y aplicación)

Mientras hacía este estudio del hombre fiel, Dios me impresionó acerca de mi necesidad de ser más fiel en dos aspectos específicos. En primer lugar necesito ser más fiel en mi vida de oración; necesito ser más disciplinado en establecer y separar un período diario para orar. El otro aspecto en el que necesito ser más fiel es el de mis finanzas. Lucas 16:10 es un versículo que necesito. Me enseña que si no soy fiel en la administración de mi dinero, Dios no me confiará las verdaderas riquezas, las bendiciones espirituales.

Proyectos

- Planeo memorizar el pasaje de «La prueba de la fidelidad de un hombre» la siguiente semana: Lucas 16:10-13.

- Voy a establecer un presupuesto familiar con mi esposa este fin de semana. Vamos a empezar manteniendo mejores registros de cómo gastamos nuestro dinero y le pediremos a Dios que nos guíe en cómo gastar, ahorrar y ofrendar.

- Voy a empezar teniendo veinte minutos cada mañana antes del desayuno para repasar mi lista de oración y voy a orar.

Formulario de estudio por tópicos

Tópico:

1. Compile una lista de términos:

2. Coleccione las referencias bíblicas:

Tabla de comparación

3. Considere individualmente cada referencia

4. Compare y agrupe las referencias

Versículos	Referencias cruzadas	Observaciones y descubrimientos

5. Bosquejo condensado (continuación)

Bosquejo (continuación)

6. Conclusión: (resumen y aplicación)

7
Método de estudio bíblico de estudio de palabras

Cómo descubrir el significado
de las palabras bíblicas

La Biblia se escribió originalmente en hebreo, arameo y griego. Aunque el promedio de los cristianos no conozca estos lenguajes, pueden hacer estudios de palabras porque tienen a su disposición muchas y excelentes traducciones y obras de consulta. En el pasado, las personas que se interesaban en hacer un estudio personal de la Biblia tenían que aprender los lenguajes originales. Pero solo los que habían pasado años estudiando griego y hebreo estaban en condiciones de disfrutar la emoción de las percepciones que les llegaban de estudiar las palabras originales de las Escrituras. En la actualidad, sin embargo, las riquezas que pueden encontrarse al estudiar las palabras están al alcance de todo cristiano que sepa qué obras de consulta están disponibles.

Definición

El método de estudio de estudio de palabras bíblicas da una mira microscópica al origen, la definición, las veces que ocurre y los usos de una palabra en particular, especialmente en lo relacionado con el contexto de un pasaje de las Escrituras. Su propósito es aprender tan preciso y comprensiblemente como sea posible lo que el escritor bíblico quiso decir con la palabra que usó.

Por qué debemos estudiar las palabras de la Biblia

Irving Jensen dijo una vez: «De la misma manera en que una gran puerta gira sobre pequeños goznes, las declaraciones teológicas de la Biblia suelen depender de palabras insignificantes, tales como las preposiciones o los artículos» (Jensen, *Enjoy Your Bible*, Moody Press, p. 96). La mayoría de las grandes doctrinas de la Palabra de Dios giran alrededor de una sencilla palabra, como gracia, expiación o fe. Con el fin de poder comprender los profundos significados de las Escrituras, debemos estudiar las palabras que se hayan usado.

La correcta interpretación de las verdades bíblicas depende de la correcta comprensión de las palabras que se utilizaron para transmitir esas verdades. David declaró: «Las palabras del Señor son puras, como plata refinada en horno de arcilla, refinada siete veces» (Salmo 12:6). Un proverbio hace una declaración parecida: «Toda palabra de Dios es pura; Él es escudo a los que en él esperan» (Proverbios 30:5, RV-60).

Pero estas palabras puras se escribieron en un lenguaje diferente al nuestro y la plenitud de su significado no siempre se ha trasmitido por completo en una traducción. En realidad, ninguna traducción es perfecta porque nunca dos lenguajes se corresponden con toda exactitud. No siempre existen palabras equivalentes entre los lenguajes, así que al estudiar la Biblia deberíamos investigar el pleno significado de una palabra de la que el traductor no pudo exprimir todo su valor en un texto dado.

Además, cuando el texto original de la Biblia se tradujo al español, se usaron alrededor de 6.000 palabras diferentes, mientras que en el método de estudio bíblico de estudio de palabras se estudian 11.280 palabras hebreas, arameas y griegas (Jensen, *Enjoy your Bible*, p. 96). Así que, ¿cómo puede

Primer paso:	Escoja su palabra
Segundo paso:	Busque la definición en español
Tercer paso:	Compare diferentes traducciones
Cuarto paso:	Escriba la definición de la palabra original
Quinto paso:	Revise el número de veces que se usa en la Biblia
Sexto paso:	Busque la raíz etimológica y el origen de la palabra
Séptimo paso:	Descubra el uso de la palabra en la Biblia
Octavo paso:	Escriba una aplicación

meter 11.000 palabras en 6.000? Traduciendo varias palabras diferentes del lenguaje original a una palabra del idioma español. Por ejemplo, en el Nuevo Testamento la palabra en castellano «siervo» traduce siete diferentes palabras griegas, pero cada una de ellas tenía un matiz un poco diferente para el significado de «sirviente». Nuestro idioma, que es posterior, no puede dar un significado completo de los idiomas bíblicos originales.

Debemos tener dos cosas en mente cuando hacemos un estudio de palabras. En primer lugar, debe basarse en las palabras del idioma original, no en las palabras del castellano. En segundo lugar, siempre debemos permitir que el contexto nos indique el mejor significado de la palabra que estamos estudiando, sin importar cuál pueda ser su equivalente en español.

Herramientas que va a necesitar

Para este método de estudio bíblico van a necesitar más obras de consulta de las que ha usado con otros métodos. Las herramientas necesarias son:

- Una Biblia de estudio.
- Diferentes traducciones recientes (estas le permitirán ver las diferentes palabras que los traductores escogieron para cada vocablo original. No use una paráfrasis para este estudio).
- Una concordancia exhaustiva
- Un diccionario bíblico
- Una juego de estudios de palabras (vea la introducción, p. 13).
- Un buen diccionario de español (recomendamos el de la Real Academia Española).
- Si tiene conocimientos del griego, la *Nueva concordancia greco-española del Nuevo Testamento* con índices (Mundo Hispano) le puede servir.
- Si sabe inglés, le recomendamos la reciente obra que el Dr. Ralph Winter publicó, *The Word Study Concordance*, y su tomo complementario *The Word Study New Testament* (William Carey Library).

Tres de las dificultades más comunes al hacer el estudio de palabras

Cuando empiece a poner en práctica este método de estudio bíblico, debe estar consciente de las dificultades que se le presentarán.

1. *A veces distintas palabras griegas se traducen al español con una sola palabra* . Hemos notado que en español la palabra «siervo» tiene siete equivalen-

tes en el griego, cada una con un matiz diferente. Asegúrese de revisar su concordancia con todo cuidado para ver si lo mismo podría ocurrir con la palabra que está estudiando. Averigüe lo que cada palabra original significa.

2. *A veces una palabra griega o hebrea se traduce de distintas formas al español.* Para superar esta dificultad, tendrá que hacer un estudio cuidadoso de las distintas traducciones de la palabra original. Puede hacerlo con mucha facilidad con el uso de su concordancia exhaustiva. Por ejemplo, la palabra griega *koinonía* se traduce de cinco diferentes formas al inglés y puede significar: (1) «comunicación», una vez; (2) «comunión», cuatro veces; (3) «contribución», una vez; (4) «distribución», una vez; y (5) «compañerismo», doce veces.

El siguiente es un procedimiento para resolver esta dificultad:

- Haga una lista de las diferentes maneras en que se tradujo la palabra.
- Haga una lista de cuántas veces se tradujo de cada manera.
- Dé ejemplos de cada traducción (si es posible).
- Escriba cómo podrían relacionarse los distintos significados.
- Determine si el escritor del libro usó la palabra que está estudiando en un sentido particular o si le está dando un significado múltiple.

3. *A veces una palabra original se traduce mediante una frase completa en español.* Esta dificultad le llevará un poco más de trabajo para superarla porque las concordancias no dan una lista de la traducción de palabras por frases. Tendrá que comparar las recientes versiones de la Biblia que está usando para ver de qué manera los distintos traductores han traducido la palabra. Por ejemplo, Pablo les escribió a los corintios: «Por tanto, nosotros todos, mirando cara a cara como en un espejo la gloria del Señor, somos transformados de gloria en gloria en la misma imagen, como por el Espíritu del Señor» (2 Corintios 3:18, RV-60). La frase «cara a cara como en un espejo» es solo una palabra en el original griego (*katoptrizómenoi*), y usted va a descubrir algunas verdades interesantes cuando estudie su origen.

Pasos sencillos para hacer un estudio de palabras

El formulario de estudio de palabras tiene ocho secciones, una por cada paso en este estudio y un espacio para enumerar las obras de consulta que usó al hacer el estudio.

Primer paso: Escoja su palabra

En sus anteriores estudios bíblicos personales tal vez se llegó a preguntar el significado de ciertas palabras. Elija una palabra en la que haya estado interesado, o en las que todavía lo esté, o una de la lista del Apéndice E.

Segundo paso: Busque la definición en español

Use su diccionario de español y escriba la definición de la palabra en castellano. Con la definición, haga una lista de los sinónimos y antónimos de esa palabra.

Tercer paso: Compare diferentes traducciones

Lea los pasajes donde se usa esta palabra en traducciones recientes. Escriba las distintas traducciones de la palabra que haya encontrado. Vea si hay varias maneras de traducir que sean comunes en estas traducciones.

Cuarto paso: Escriba la definición de la palabra original

Busque la palabra original en su concordancia exhaustiva o en su libro de estudio de palabras y escriba la definición. Tal vez encuentre que tiene diferentes usos.

Quinto paso: Revise el número de veces que se usa en la Biblia

Valiéndose de su concordancia, encuentre cómo y dónde se usa la palabra en la Biblia. Haga estas preguntas:

- ¿Cuántas veces aparece la palabra en la Biblia?
- ¿En qué libros aparece?
- ¿Qué escritores usaron la palabra?
- ¿En qué libros aparece la mayoría de las veces?
- ¿Dónde aparece la palabra por primera vez en la Biblia?
- ¿Dónde se presenta por primera vez en el libro que está estudiando?

Sexto paso: busque la raíz etimológica y el origen de la palabra

Este paso lo introduce en algún tipo de investigación. Usted querrá leer un análisis más pleno del significado y origen de la palabra que está estudiando, consultando un diccionario bíblico o una edición de estudio de palabras o un libro de palabras teológicas.

Séptimo paso: Descubra el uso de la palabra en la Biblia

En este paso querrá encontrar cómo se usaba la palabra en la Biblia. El estudio del significado de la raíz (Sexto paso) le habrá dicho el significado original de la palabra y su origen, pero algunas de ellas cambian su significado con el paso del tiempo. Eso quiere decir que pudieron haber tenido diferentes significados en distintas situaciones y contextos. En última instancia, el empleo de una palabra es el factor de mayor importancia para determinar su verdadero significado. Dé este paso de las tres maneras siguientes:

1. *Investigue de qué manera se usó la palabra en el tiempo en que el libro (de la Biblia) se escribió.* ¿Cómo se usó en otros escritos aparte de la Biblia? Para encontrar el significado de la palabra y cómo se empleó en la cultura de ese día, deberá buscar en materiales extrabíblicos (como libros de historia de ese tiempo); muchas veces, sin embargo, la edición de estudio de palabras que está usando le proporcionará esa información. Los estudiantes avanzados y las personas que conocen los idiomas originales pueden encontrar esta información en diccionarios teológicos y en léxicos de griego y hebreo.

2. *Investigue cómo se usó en la Biblia.* Con su concordancia exhaustiva, vea cómo se tradujo la palabra cada vez que aparece en la Biblia. A menudo las Escrituras definen las palabras mediante su uso corriente e ilustraciones. A continuación le presentamos una manera de encontrar una definición dada en las Escrituras. También puede hacer todas o alguna de las siguientes preguntas:

- ¿Cómo usó la palabra el escritor en otras partes del libro?
- ¿Cómo usó la palabra el escritor en otros libros que escribió?
- ¿Cómo se usa la palabra a través de todo el Testamento?
- ¿Tiene la palabra más de un empleo? Si así es, ¿cuáles son los otros usos?
- ¿Cuál es el uso más frecuente de la palabra?
- ¿Cómo se usó por primera vez en las Escrituras?

3. *Investigue cómo se usó la palabra en el contexto del pasaje.* Esta es la prueba definitiva. El contexto será para usted la fuente más confiable que le revelará lo que en verdad quiso decir el escritor. Haga estas preguntas:

- ¿Aporta el contexto alguna pista para el significado de la palabra?
- ¿A la palabra se le compara o se pone en contraste con otra palabra en el contexto?
- ¿Hay alguna ilustración en el contexto que aclare el significado de la palabra?

Octavo paso: escriba una aplicación

Sea especialmente cuidadoso para mantener en mente su meta de «aplicación, no solo interpretación» cuando haga el estudio de una palabra. Recuerde que está haciendo un estudio bíblico personal, no un simple ejercicio académico. Descubrir el significado pleno de una palabra bíblica no es un fin en sí mismo, porque el estudio de una palabra sin su aplicación es de poco valor espiritual para usted. Al hacer este estudio, pregúntese constantemente: ¿Cómo puede la comprensión de esta palabra fortalecer mi vida espiritual? Luego escriba una aplicación usando las sugerencias dadas en el capítulo 1, respecto de las obras de consulta que se usan.

La última sección en blanco de su formulario de estudio tiene un lugar para que enumere las obras de consulta que haya usado en su estudio del término bíblico. Esto es para ayudarlo a recordar que el mayor beneficio de los libros de consulta es su uso futuro.

Cómo llenar el formulario del estudio de palabras

Use el formulario del estudio de palabras que está al final del capítulo o su propia hoja de papel con las mismas divisiones.

Para llenar el formulario

Escriba los pasos bosquejados y también sus descubrimientos. Si necesita más espacio en el formulario, use la parte trasera de su hoja de papel.

Muestra de un formulario lleno

Vea el ejemplo de la palabra «arrepentimiento» en la muestra de formulario completada que se encuentra al final de este capítulo.

Tarea

Tal vez quiera empezar su estudio de palabras de las Escrituras con aquellas palabras cuyo significado se haya estado cuestionando. O tal vez decida comenzar con algunas palabras doctrinales importantes. En el Apéndice E puede encontrar una lista de términos que se sugieren.

Lecturas adicionales

Explore la Palabra, de Henry M. Morris III, Editorial Vida Creación, capítulos 5 y 6.

Palabras griegas del Nuevo Testamento, su uso y su significado, de William Barclay (Mundo Hispano).

Formulario de estudio de palabras

1. **Palabra en español:** arrepentirse (sustantivo: arrepentimiento)

2. **Definición en castellano:** «Pesarle a alguien el haber hecho o haber dejado de hacer alguna cosa». Y en su segunda acepción: «Cambiar de opinión o no ser consecuente con un compromiso».

3. **Comparación de traducciones:** Lucas 13:3
   «arrepintiereis», RV 1909; «arrepentís», RVR 1960 y 1995; «se vuelven a Dios», DHH;
   «si ustedes no cambian su manera de vivir ni se vuelven a Dios», *Biblia en lenguaje sencillo;*
   «se arrepientan», NVI.

4. **Palabra original y breve definición:**
   * *Metanoeo* (griego) «cambiar de manera de pensar».
   * *Metamélomai* (griego) «regresar, mostrar remordimiento».

5. **Veces que aparece en la Biblia:**
   Dos palabras griegas diferentes se traducen «arrepentirse» en el Nuevo Testamento:

   A. *Metanoeo*

«Arrepentirse» (verbo)	«Arrepentimiento» (sustantivo)
34 veces	24 veces
5 veces en Mateo	3 veces en Mateo
2 veces en Marcos	2 veces en Marcos
9 veces en Lucas	5 veces en Lucas
5 veces en Hechos	6 veces en Hechos
1 vez en 2 Corintios	1 vez en Romanos
12 veces en Apocalipsis	2 veces en 2 Corintios
	1 vez en 2 Timoteo
	3 veces en Hebreos
	1 vez en 2 Pedro

   B. *Metamélomai*
   «Arrepentirse» (verbo) 6 veces
   3 veces en Mateo
   2 veces en 2 Corintios
   1 vez en Hebreos

   ### Perspectivas interesantes

   * La palabra nunca se usa en el Evangelio según San Juan; pero sí se usa en Apocalipsis, 12 veces.
   * Lucas es el autor que más usa el término (Lucas y Hechos).
   * No se hace mucho énfasis en el término «arrepentimiento» en las epístolas porque estas se escribieron para creyentes.

6. **Significado y origen de la raíz** (use sus libros de consulta):

Metanoeo significa literalmente «percibir después». Está compuesta de dos palabras griegas: *meta*, cuyo significado es «después», «después de», «detrás de» (implica cambio) y *noeo*, que quiere decir «percibir» (*nous* es la palabra que en griego se utiliza para «mente»).

A partir de aquí obtenemos el significado de «cambiar de manera de pensar o de propósito». En el Nuevo Testamento este cambio siempre es para mejorar y denota un genuino y completo cambio de corazón y vida.

No solo implica darse la vuelta y regresar (en sentido negativo) de sus pecados, sino volverse (en sentido positivo) hacia lo que es correcto y bueno. Es más que un simple sentimiento de pena por lo malo que uno haya hecho. También significa un cambio completo de manera de pensar respecto del pecado y tomar un camino diferente.

Metamélomai viene de *meta* («después») y *melo* («cuidar de»). Significa arrepentirse o expresa remordimiento por algo que usted desearía no haber hecho. Significa sentir ansiedad dolorosa (pesadumbre) por un hecho pasado. Esto *no* es un auténtico arrepentimiento. Quiere decir sentir remordimiento por algo que usted hizo sin realizar ningún verdadero cambio de manera de pensar acerca de lo que hizo (lo típico es pensar «Siento que me hayan atrapado, pero no me arrepiento de lo que hice». O «No puedo asegurar que no lo volvería a hacer»). La mejor ilustración de esto es Judas. Sintió remordimiento de haber traicionado a Jesús (*metamélomai*, Mateo 27.3), pero nunca se arrepintió genuinamente de ello (*metanoeo*).

7. **Cómo se ha usado la palabra:**

A. En otros escritos:

Metanoeo no se usó mucho en la literatura clásica griega. Cuando se usó no significaba cambio radical de la vida del hombre, como un todo, que es como se usa en el Nuevo Testamento.

B. A través de la Biblia:

- Arrepentirse, en el Antiguo Testamento, se ve con mayor claridad en Ezequiel 18 y 33:10-20 (Najam).
- «Arrepiéntanse» era el mensaje básico de Juan el Bautista (Mateo 3:2), Jesús (Mateo 4:17), los doce discípulos (Marcos 6:12) y Pedro en Pentecostés (Hechos 2:38).
- Era un mandamiento de Dios para todos (Hechos 17:30; 2 Pedro 3:9).
- Forma parte de la salvación por la fe (Lucas 13:5; Hechos 3:19).
- Causa alegría en el cielo (Lucas 15:7, 10).
- Se comprueba con nuestros actos (Hechos 26:20).
- Jesús usó la palabra 17 veces en los Evangelios y 8 en el Apocalipsis.
- ¿Qué hace que nos arrepintamos?
  — La bondad de Dios para con nosotros (Romanos 2:4).
  — La tristeza de Dios por nuestros pecados (2 Corintios 7:9-10).
  — La gracia de Dios (2 Timoteo 2:25)
- Es una verdad fundamental de la vida cristiana (Hebreos 6:1).

C. En el contexto de un pasaje de 2 Corintios 7:9-10.

Este versículo muestra la diferencia entre un auténtico arrepentimiento (*metanoeo*) y un simple remordimiento (*metamélomai*). La verdadera tristeza divina trae auténtico arrepentimiento. Esto trae un cambio de vida, no solo remordimiento.

8. Aplicación:

«¿No ves que menosprecias las riquezas de la bondad de Dios, de su tolerancia y su paciencia, al no reconocer que su bondad quiere llevarte al arrepentimiento?» (Romanos 2:4, NVI).

Pecados que confesar - Actitud que cambiar.

Le he guardado rencor a Juan desde el incidente que tuvimos en la montaña el verano pasado. Eso ha hecho tensa nuestra relación. Desde hace tiempo el Señor me ha hecho sentir culpable de esto, pero he pospuesto la restauración de nuestra relación. Sé que he pecado. Y sé que quiero arrepentirme de este pecado ahora. Mañana por la tarde voy a ir a visitar a Juan y le voy a pedir que me perdone. Quiero arreglar este asunto.

Libros consultados:

Diccionario expositivo de palabras del Nuevo Testamento, de W. Vine
Young's Analytical Concordance of the Bible
Dictionary of New Testament Words, vol. 1.

Formulario de estudio de palabras

1. Palabra en español:
2. Definición en castellano:
3. Comparación de traducciones:
4. Palabra original y breve definición:
5. Veces que aparece en la Biblia:

6. Significado y origen de la raíz (use sus libros de consulta):

7. **Cómo se usó la palabra:**

   A. En otros escritos:

   B. A través de la Biblia:

C. En el contexto de un pasaje:

8. **Aplicación:**

Libros consultados:

8
Método
de estudio bíblico
de trasfondo de un libro

Cómo investigar trasfondos bíblicos

Es mucho más fácil comprender y apreciar una obra si todos los apoyos y escenarios de fondo están en su lugar. En un escenario los actores actúan teniendo de fondo los apoyos y las escenas pintadas. Lo mismo pasa con las Escrituras. La revelación de Dios se dio en medio de la historia, y los «personajes del drama» de la Biblia representaron el papel que su Dios les asignó teniendo de fondo su tiempo. Entendemos con mayor claridad la Palabra de Dios cuando vemos que tiene como telón de fondo los días en que se escribió.

Definición

El método de estudio bíblico de trasfondo de un libro implica obtener una mejor comprensión del mensaje bíblico por medio de la investigación del trasfondo relacionado con el pasaje, la persona, el evento o el tópico que se está estudiando. Esto implica la comprensión de la geografía, eventos históricos, la cultura y el ambiente político de ese tiempo en particular en que esa parte de la Biblia se escribió.

¿Por qué estudiar el trasfondo?

Para poder captar en un todo lo que un escritor de la Biblia dice, necesitamos «transportarnos» al tiempo en que vivió. En vista de que estamos a una distancia de siglos de los escritores de la Biblia, debemos intentar ver su mundo a través de sus ojos y sentir lo que ellos sintieron para poder entender cómo el Espíritu Santo de Dios los usó para que escribieran lo que escribieron.

Una de las principales reglas de interpretación establecidas es que ya que la Biblia se redactó en medio de la historia, solo se puede entender más plenamente a la luz de esa historia. No es posible interpretar correctamente la Biblia si ignora la influencia de los tiempos en los que se escribió. Un estudiante serio de la Biblia siempre va a querer conocer la geografía, la historia, la cultura y el trasfondo político del pasaje o del libro que está estudiando.

Además, antes de que podamos comprender la manera de aplicar el mensaje a nosotros hoy, primero debemos estar seguros de cómo se aplicó en los tiempos en que se escribió primero. Si intentamos interpretar y aplicar las Escrituras de acuerdo con nuestra época y cultura, pronto nos veremos metidos en muchos aprietos. A menudo el significado que le demos a una declaración, una palabra, costumbre o evento de otra cultura o tiempo se comprenderá de un modo completamente diferente al vincularla con el tiempo que vivimos.

A causa de los importantes descubrimientos arqueológicos en el siglo pasado, ahora tenemos una comprensión mucho mejor de las culturas y de los hechos históricos de los tiempos bíblicos. La mayor parte de esta información está a su disposición gracias a excelentes obras de investigación. Definitivamente tendrá que consultarlas cuando lleve a cabo este método de estudio bíblico.

Primer paso:	Elija el tema o libro de la Biblia
Segundo paso:	Haga una lista de sus obras de consulta
Tercer paso:	Obtenga una visión práctica a partir de la geografía
Cuarto paso:	Obtenga una visión más penetrante a partir de la historia
Quinto paso:	Descubra algunas perspectivas desde la cultura
Sexto paso:	Investigue los puntos de vista desde el ambiente político
Séptimo paso:	Resuma su investigación
Octavo paso:	Escriba una aplicación personal

Lo valioso de la arqueología

Para mucha gente la arqueología es seca, aburrida y de escaso conocimiento científico. Pero gracias al paciente trabajo de muchos hábiles arqueólogos de muchas naciones, podemos saber mucho más hoy en día acerca de los tiempos bíblicos que los cristianos de hace medio siglo. *National Geographic* y otras revistas populares han publicado recientemente descubrimientos de las tablillas de Ebla, que arrojan una extraordinaria y nueva luz sobre el Cercano Oriente de 2000 a 2500 a.C. En la actualidad podemos comprender la Biblia como nunca antes gracias a que la arqueología ha sido un gran explicador y amigo para el estudiante serio de la Biblia.

Van Beek escribió: «Nadie puede comprender la Biblia sin un conocimiento de la historia y cultura bíblicas, y nadie puede afirmar que conoce la historia y cultura bíblicas sin una comprensión de las contribuciones de la arqueología. Los eventos bíblicos se iluminaron, las palabras oscuras se definieron, las ideas se explicaron y la cronología se redefinió gracias a los hallazgos arqueológicos. Decir que nuestro conocimiento de la Biblia no se revolucionó por estos descubrimientos es minimizar los hechos» («Archeology», *Interpreter's Dictionary of the Bible*, p. 1:203).

Herramientas que va a necesitar

Este método de estudio bíblico depende completamente de herramientas, así que tendrá que adquirir algunas de estas o pedirlas prestadas de su biblioteca pública o de la de su iglesia. No les tenga miedo. En lugar de eso, aproveche esta información en la que los eruditos han invertido sus vidas investigando para su beneficio. Las siguientes obras de consulta le proporcionarán útil información de trasfondo:

- Un diccionario bíblico y/o una enciclopedia bíblica.
- Un manual bíblico.
- Un atlas bíblico.

Además de las herramientas básicas recomendadas, podría consultar algunas de las siguientes obras de consulta que tratan temas de geografía, historia, cultura y la vida diaria de aquellos tiempos.

- *Usos y costumbres de los tiempos bíblicos*, Ralph Gower (Editorial Portavoz)
- *Manual Bíblico Ilustrado* (Editorial Unilit)

Esta son solo dos. Hay otras obras de consulta que están a su disposición en la actualidad. Visite la biblioteca pública de su localidad, la de su iglesia o su librería cristiana local y écheles un vistazo. Escoja las que más lo atraigan y úselas para llevar adelante este método de estudio. Los arqueólogos constantemente están actualizando sus hallazgos a través de nuevos descubrimientos, así que asegúrese de obtener la edición más reciente de cada obra de consulta.

Pasos sencillos para hacer su estudio de trasfondo

El formato para el estudio de trasfondo de un libro tiene ocho pasos que usted debe seguir y un espacio en blanco para que haga una lista de las obras de consulta que haya usado. Use más hojas de papel si no tiene espacio suficiente en el formato.

Primer paso: Elija el tema o libro de la Biblia

Escoja el tema, la persona, palabra o libro de la Biblia que quiere estudiar, y empiece a reunir los materiales de consulta con los que hará su investigación. La disponibilidad de obras de consulta determinará en gran manera el alcance de su estudio.

Segundo paso: Haga una lista de sus obras de consulta

Haga una lista de todas las obras de consulta que haya reunido para hacer este estudio (vea las herramientas que va a necesitar en las primeras secciones de este capítulo). Esto lo ayudará a recordar qué libros fueron más útiles para el material de trasfondo que investigó y qué libros podría querer consultar para un futuro para otros estudios.

Tercer paso: Obtenga una visión práctica a partir de la geografía

Va a necesitar familiarizarse con la geografía de Palestina y el Cercano Oriente en general. Eso incluye los tipos de tierra que se encuentran allí, las principales montañas y colinas, elevaciones y precipitaciones pluviales, los cuerpos de agua más grandes: mares, lagos, ríos, así como la ubicación de ciudades y naciones, de famosos puntos de referencia y de las fronteras de los países de las inmediaciones en el tiempo que está estudiando.

Mientras estudia el Nuevo Testamento, en particular los viajes misioneros de Pablo, va a necesitar estar enterado de los países y ciudades del Mediterráneo que estaban activos durante el tiempo del Imperio Romano.

En todos sus estudios de geografía bíblica debe hacerse de continuo esta pregunta: «¿Cuál es el efecto de la geografía circundante sobre lo que estoy estudiando?»

En este paso haga una lista de todas las perspectivas que pueda obtener de la geografía, del tema o libro que está estudiando.

Cuarto paso: Obtenga una visión más penetrante a partir de la historia

Es necesario que tenga un conocimiento práctico de la cronología (orden de los eventos históricos) de las naciones de Israel en el Antiguo Testamento. Aprenda los períodos de la historia de la nación hebrea, estudie el origen y la historia de las ciudades famosas, apréndase las divisiones del ministerio de Jesús, esté bien versado sobre la historia que rodea los viajes misioneros de Pablo. También es útil saber qué eventos principales estaban aconteciendo en otras partes del mundo a lo largo del tiempo que esté estudiando para tener una perspectiva apropiada de lo que Dios estaba haciendo.

Puede preguntarse: «¿Qué causó este suceso tan particular que estoy estudiando?» «¿Cómo afectó a las personas involucradas?» «¿Cómo afecta al pasaje que estoy estudiando?» Ponga especial cuidado en los eventos que ilustran la soberanía y el control de Dios sobre el progreso de la historia.

En este paso haga una lista de todas las perspectivas que pueda obtener de la historia que rodea al tema o libro que está estudiando.

Quinto paso: Descubra algunas percepciones desde la cultura

Si quiere comprender lo que pasó en los tiempos bíblicos, necesita aprender todo lo relacionado con el estilo de vida de la gente de las Escrituras. A continuación le mencionamos algunas áreas en las que podría investigar mientras se plantea la pregunta: «¿De qué manera todas estas cosas afectan el mensaje y a la gente que estoy estudiando?»

- Tipo de ropa que la gente vestía.
- Oficios y ocupaciones en los tiempos bíblicos.
- La música de la Biblia.
- Estilos arquitectónicos del Cercano Oriente.
- Modales y costumbres en las Escrituras.
- Pasatiempos en los tiempos antiguos.
- Vida familiar en el Medio Oriente.
- El arte en la Biblia.
- Idiomas y literatura de las naciones circundantes.

- Ceremonias religiosas en Israel y entre sus vecinos paganos.
- Falsas religiones del área.
- Armas y herramientas que usaba la gente.

En este paso haga una lista de todos los descubrimientos que pueda obtener de la forma en que la gente vivía en sus culturas.

Sexto paso: Investigue los puntos de vista desde el ambiente político

Mucho de lo que sucedió en Israel en el Antiguo Testamento y en el mundo romano de Jesús, Pablo y los apóstoles está relacionado con el ambiente político de esos tiempos, con los reyes, emperadores, soberanos y gobiernos que gobernaron a la gente de esa época. Israel, por ejemplo, pasó mucho de su historia bajo gobernantes extranjeros, incluso padeció el exilio. Tanto las naciones como los sistemas políticos se vincularon y tuvieron impacto en la forma en que vivió el pueblo de Dios. Reconozca, sin embargo, que Dios siempre tiene el control de las circunstancias políticas. Hasta el rey Nabucodonosor reconoció este hecho (vea Daniel 4.34-35).

Egipto, Filistea, Asiria, Babilonia, Persia, Grecia y Roma, todos desempeñaron un papel importante en la Biblia. ¿Qué naciones se parecieron a estas? ¿De qué manera afectaron a Israel o a la Iglesia del Nuevo Testamento? Muchos de los mensajes de los profetas solo pueden comprenderse a la luz del clima político de sus tiempos.

En este paso escriba todos los descubrimientos que obtenga de su investigación de las condiciones políticas del período que está estudiando.

Séptimo paso: Resuma su investigación

Ahora retroceda a través de los pasos tres al seis y, con los datos que ha reunido, resuma su investigación mediante la respuesta a dos preguntas:

- ¿De qué manera esta información de trasfondo me ayuda a comprender mejor lo que estoy estudiando?
- ¿Cómo influyen cualquiera de estos factores sobre el tema o libro que estoy estudiando?

Octavo paso: Escriba una aplicación personal

Aunque puede ser difícil llegar a una aplicación personal en este tipo de estudio, debe poder conseguir una a partir del tema original que está estudiando. De hecho, la investigación del trasfondo de su tema lo habilita para que pueda encontrar una aplicación que quizá necesite hoy y los datos pueden ayudarlo a hacer que esa aplicación sea para usted importante.

Cómo llenar el formulario del trasfondo del libro

El formato que se encuentra al final de este capítulo lo puede capacitar para que haga este estudio o, si lo desea, puede usar sus propias hojas de papel con las divisiones que se sugieren en el formato.

Para llenar el formulario

Solo siga los pasos bosquejados y escriba los descubrimientos que haya hecho en su investigación. Luego resuma sus hallazgos en el paso siete. Si necesita más espacio en el formato, use sus propias hojas de papel.

Muestra de un formulario lleno

Vea el ejemplo de Éfeso al final de este capítulo.

Tarea

Algunos temas con los cuales puede empezar a aplicar el método de estudio de trasfondo del libro son:

- Filipenses.
- Hageo.
- Colosenses.
- Rut.
- Fariseos y saduceos.
- Adoración en el templo.
- Los romanos en Palestina.

Lecturas adicionales

Para los que saben inglés, la siguiente es una lista de excelentes obras de consulta adicionales para empezar a desarrollar este método. Para tener pistas de una metodología de trabajo lea «The Historical Method» en *Galatians: The Charter of Christian Liberty*, de Merrill C. Tenney, páginas 97-109 (Eerdmans); o de Howard F. Vos, *Effective Bible Study*, capítulos 11-14 (Zondervan).

Formato de estudio de trasfondo

1. **Tema: Efesios** (libro de los Efesios)
2. **Obras de consulta empleadas:** *Manual bíblico ilustrado* *Nuevo diccionario bíblico ilustrado*
3. **Trasfondo geográfico:** La ciudad estaba asentada en la costa occidental del Asia Menor, en la desembocadura del río Caistro, en uno de los cuatro valles principales de Este a Oeste que terminan en el Mar Egeo. Estaba ubicada al inicio de un camino principal que corría hacia el Este por Asia Menor a Siria, luego a Mesopotamia, Persia y la India. Éfeso era una gran ciudad portuaria y tenía una población de alrededor de 400.000 habitantes en los tiempos del apóstol Pablo. Era la ciudad más importante en la provincia romana de Asia. Su ubicación estratégica la convirtió en lugar de punto de reunión de las rutas de comercio de mar y tierra en esa parte del mundo en aquellos días.

4. Trasfondo histórico:

Éfeso era una antigua metrópoli cuyos orígenes se pierden en la bruma de la antigüedad. Se la conoció como una importante ciudad portuaria en los días de los antiguos hititas (cerca de 1300 a.C.).

Alrededor de 1080 a.C. los griegos, que cruzaron el Mar Egeo, la tomaron y colonizaron, dejando su estilo como impronta principal. Cinco siglos más tarde el legendario rey Creso la capturó, y así restauró la influencia de Asia en la ciudad.

Los persas se apoderaron de Éfeso en 557 a.C. y durante dos siglos hubo conflictos con los griegos. Alejando El Grande capturó la ciudad en 335 a.C. y la influencia griega prevaleció hasta los tiempos del Imperio Romano.

Los romanos tomaron la ciudad en el año 190 a.C. y la retuvieron bajo su poder o el de sus aliados, incluso después de los días de Pablo. Se convirtió en la ciudad principal de la provincia romana de Asia, aunque Pérgamo seguía siendo la capital.

5. Trasfondo cultural:

Desde los tiempos en que los griegos tomaron la ciudad, en el año 1080 a.C., vivieron en conflicto entre los estilos de vida griegos y asiáticos. La religión original incluía la adoración de la diosa madre, llamada más tarde Artemisa por los griegos (Diana en el sistema romano). En este lugar la diosa original tenía un santuario y más tarde los griegos le construyeron un gran templo que llegó a conocerse en todo el mundo mediterráneo.

Como cruce de caminos entre Europa y Oriente, la ciudad tenía un sabor internacional de personas de muchos trasfondos, en especial de mercaderes y marineros que aquí se mezclaban con libertad. Así que era una ciudad cosmopolita, sobre todo de cultura griega, pero al mismo tiempo coexistían allí los fundamentos asiáticos. Tenía todos los beneficios de una moderna ciudad romana: gimnasio, estadio, teatros y un mercado central.

6. Trasfondo político:

En los días de Pablo, por ser una ciudad leal a Roma, la gobernaba el procónsul romano desde Pérgamo. Así que se le permitía tener su propio gobierno, que estaba dividido en tribus, de acuerdo con la composición étnica de su población. En el tiempo de Pablo existían seis de estas tribus, y los representantes de sus reuniones elegían al alcalde del pueblo, que era el responsable de todas las reuniones públicas.

Otros oficiales del gobierno incluían a los etnarcas, oficiales municipales de Roma, y a los neócoros, oficiales del templo.

7. Resumen de descubrimientos:

Éfeso era una importante ciudad, y debido a su valor estratégico, Pablo y su equipo se dirigieron a ella en su segundo viaje misionero. Más tarde Pablo estuvo ministrando allí por algún tiempo (en su tercer viaje).

A causa de su población cosmopolita, había una gran oportunidad para ministrar a distintos tipos de personas: romanos, griegos y a los originarios de esa parte de Asia. También se podía llevar a cabo un ministerio entre los viajeros y comerciantes que llegaban tanto por tierra como por mar.

Su historia y geografía hicieron que fuese una ciudad estratégica para plantar iglesias y luego esparcir las nuevas del Evangelio a través de todo el territorio y alrededores, así como también a muchos otros lugares a través de caravanas y barcos.

8. Aplicación personal:

En estos días de explosión demográfica es mi responsabilidad testificar de Jesucristo en los lugares estratégicos del mundo. Eso significa que en mi ciudad debo encontrar los centros en los que la gente se reúne. Luego debo planear ir allí, tanto yo solo como con mi iglesia, para testificar de la gracia de Dios y de su salvación. Les voy a hablar a Sam y a José de esto para que hagamos juntos un plan para evangelizar a nuestra comunidad.

Formato de estudio de trasfondo

1. Tema:

2. Obras de consulta empleadas:

3. Trasfondo geográfico:

4. **Trasfondo histórico:**

5. Trasfondo cultural:

6. Trasfondo político:

7. **Resumen de descubrimientos:**

8. **Aplicación personal:**

9
Método
de estudio bíblico
de estudio de un libro

Cómo obtener un panorama general de un libro de la Biblia

Martín Lutero, quien inició la gran Reforma en el siglo XVI, no solo le restauró la Biblia a la gente común, sino que también hizo grandes sugerencias prácticas para estudiarla. En una ocasión dijo que había estudiado las Escrituras como si hubiese estado juntando manzanas (*Die Martin Luther's Werke*, Kritische Gesamtausgabe, Weimar, H. Bohlavs Nachfolger, 2:444-45). En primer lugar tenía que sacudir todo el árbol de manzanas para que la fruta más madura cayera al piso (el estudio de la Biblia en su conjunto). Después tenía que treparse al árbol y sacudir cada una de sus ramas (estudiar todo un libro). Luego tenía que moverse por las ramas más pequeñas y sacudir una por una (estudiar un capítulo de un libro). Debía sacudir cada una de las ramitas (estudiar los párrafos y oraciones) y concluir mirando debajo de cada hoja (estudiar palabras por separado).

Los siguientes tres capítulos van juntos porque los tres métodos que se estudian en realidad son parte de un solo método. Son los tres pasos del estudio de un libro de la Biblia. Cuando se combinan, estos tres métodos de estudio le dan la mayor comprensión de acercamiento al estudio de la Palabra de Dios. Quizás exijan trabajo extra, esfuerzo y tiempo, pero lo pueden recompensar con los más grandes resultados.

En vista de que Dios dio su revelación en segmentos que nosotros llamamos libros, primero deberíamos estudiar estos libros en su totalidad, luego examinar con todo cuidado cada una de sus partes y finalmente poner nuestro estudio junto para ver otra vez la totalidad. Por lo tanto, el acercamiento que estaremos aplicando consistirá en su estudio, análisis y síntesis.

Primero haga un estudio inicial del libro para verlo como un todo; este es su estudio de «vista telescópica». Luego tome el libro en partes, capítulo por capítulo, y haga un análisis detallado de cada uno; mire todos los detalles como si mirara a través de un microscopio. Por último, junte todo otra vez en un estudio sintetizado en el que pueda resumir el libro como un todo y haga *su propio* bosquejo. El proceso lo llevará de lo general a lo particular y de lo particular a lo general:

- *Estudio*: obtenga un panorama del libro a vista de pájaro.
- *Análisis*: estudie todo detalle relacionado con cada capítulo.
- *Síntesis*: regrese y junte otra vez y saque algunas conclusiones.

Nota: estos tres métodos se han desarrollado con eficiencia por Los Navegantes en sus colegios ministeriales. Ellos han combinado los tres pasos en el método comprensivo de análisis del libro, que se explica e ilustra en profundidad en el *Manual de estudios bíblicos del navegante*.

Los capítulos 9-11 de este libro solo presentarán lo que el análisis comprensivo del libro no trata y le sugieren algunas alternativas para acercarse desde lo que publicaron Los Navegantes (lo que han hecho es altamente recomendable para todos los que han realizado un extenso estudio bíblico de análisis de capítulos y les gustaría hacer un acercamiento un poco diferente).

Primero veremos una parte de este proceso del método de estudio de un libro.

Primer paso:	Lea el libro
Segundo paso:	Tome notas de lo que lee
Tercer paso:	Haga un estudio de trasfondo
Cuarto paso:	Haga un diagrama horizontal del contenido del libro
Quinto paso:	Haga un bosquejo provisional del libro
Sexto paso:	Escriba una aplicación personal

Definición

El estudio de un libro implica obtener un amplio panorama de todo un libro de la Biblia. Se hace mediante una «mirada de rascacielos» o una «vista telescópica» de un libro leyéndolo varias veces sin detenerse a considerar los detalles. Después se debe plantear una serie de preguntas acerca de su trasfondo y contenido y bosquejar un diagrama horizontal de su contenido para adquirir una comprensión general del propósito del escritor, tema, estructura y contenido.

El porqué de este método de estudio bíblico

Como usted sabe, en realidad la Biblia es un conjunto de 66 libros reunidos bajo una portada. Cada uno de estos libros es único y tiene un importante mensaje para nosotros hoy en día. El método de estudio de un libro es una manera práctica de dominar el contenido general de un libro en particular.

Su importancia

El hacer el estudio de un libro como la primera parte de un análisis y síntesis ayuda a mostrar de qué manera cada parte se relaciona con las demás. Muchos versículos que son difíciles de comprender llegan a aclararse cuando se ven en un contexto general del libro donde se encuentran. Y el lugar de un versículo en un libro a menudo es la clave para comprenderlo y saber lo que Dios enseña a través de él.

Al hacer primero el estudio de un libro también se revela el énfasis apropiado de cada aspecto. Mantiene el equilibrio al estudiar la Palabra de Dios, y disminuye la posibilidad de sobrenfatizar o minimizar cualquier enseñanza del libro. Es interesante notar que la mayoría de los cultos y herejías surgieron cuando a través de la historia la gente sobrenfatizó algún versículo o doctrina y construyó toda su teología sobre unos cuantos versículos tomados fuera de contexto e ignoró la mayor parte de la revelación de Dios.

Herramientas que va a necesitar

Un número de herramientas básicas, como ya se comentó en la introducción, serán las que va a necesitar para este método de estudio bíblico. Estas herramientas de ayuda son:

- Una Biblia de estudio.
- Varias traducciones contemporáneas (esto le facilitará ver diferentes traducciones de distinguidos eruditos, del mismo material).

- Un diccionario bíblico y/o una enciclopedia bíblica.
- Un manual bíblico (en los artículos, vea el nombre del libro que está estudiando, también el nombre del escritor y la ciudad o personas a quienes el original pudo enviarse).

Además de las herramientas básicas, tal vez deba consultar atlas bíblicos, geografías históricas, libros de trasfondo histórico y comentarios de la Biblia. Use estas últimas obras de consulta solo después de haber hecho su propia investigación. Luego podría confirmar sus propias conclusiones comparándolas con las que otro erudito confiable haya hecho. Para los que saben inglés, algunos estudios representativos y libros de trasfondo son:

- *New Testament Survey,* de Merill C. Tenney (Eerdmans)
- *New Testament Times,* de Merill C. Tenney (Eerdmans)
- *The Old Testament Speaks,* de Samuel J. Schultz (Harper and Row)
- *Old Testament Times,* de R. K. Harrison (Eerdmans)

Debe reconocer que estos estudios de la Biblia, por ser comentarios bíblicos, representan las opiniones y posiciones teológicas de sus autores. Por lo tanto seleccione uno o dos de los que le parezcan mejores y úselos después de haber hecho su propia investigación.

Pasos sencillos para hacer el estudio

El formato de estudio de un libro tiene muchas partes, las cuales se acomodan bajo los seis pasos para hacer este estudio. Uno de los pasos se hará aparte, en una hoja de papel.

Primer paso: Lea el libro

Este primer paso puede parecer obvio, pero algunas personas pasan todo su tiempo leyendo acerca de la Biblia más que el texto de las Escrituras. Las únicas herramientas que va a necesitar para este primer paso son su Biblia de estudio y algunas traducciones recientes. *¡No lea ningún estudio bíblico, manual o comentario!* Siga estas siete sugerencias:

1. *Lea el libro de corrido.* Aparte del libro de los Salmos, el libro más largo de la Biblia es Isaías, y puede leerse en tres o cuatro horas. La mayoría de los otros libros, en particular los del Nuevo Testamento, puede leerse en mucho menos tiempo. Si tiene que suspender su lectura, intente terminar el libro en no más de dos sentadas (por ejemplo, lea Isaías 1-39 de un tirón y luego

Isaías 40-66). Se sorprenderá de lo que puede empezar a ver en las Escrituras mientras hace esto.

2. *Lea una reciente traducción del libro.* Esto le permitirá comprender mejor lo que está leyendo porque lo estará haciendo en un lenguaje contemporáneo.

3. *Lea el libro con rapidez, sin tomar en cuenta las divisiones por capítulos.* Recuerde que la división en capítulos y versículos no son parte del escrito original, sino que se hicieron mucho después para facilitar la localización de pasajes. En esta etapa su propósito es seguir el flujo del libro y sentir el pulso del escritor. No se preocupe, por ahora, por los detalles (hará eso en el método de análisis de capítulo, capítulo 10); solo léalo con rapidez para captar su esencia principal.

4. *Lea el libro en repetidas ocasiones.* Repita el proceso de la lectura tantas veces como pueda (es obvio que no podrá leer el libro de Isaías tantas veces como el libro de los Colosenses.) Cada vez que lea todo el libro descubrirá cosas nuevas y el cuadro general se hará cada vez más claro. Mientras más veces lea un libro en forma completa, mejor lo podrá comprender. Así que persevere.

5. *Lea todo el libro sin consultar comentarios ni ninguna nota.* De hecho, lea una Biblia en la que no haya ninguna anotación hecha. De lo contrario, cuando vea las notas que tenga escritas (por usted mismo o por otros), de una manera natural su mente se guiará por ese modelo y eso le impedirá ver cosas nuevas. Después que haya terminado el primer paso puede empezar a ver obras de consulta.

6. *Lea el libro en oración.* Pídale a Dios que le hable a su corazón y le abra los ojos para que pueda ver las maravillas de su Ley (Salmo 119:18).

7. *Lea el libro con una pluma o lápiz en la mano.* En cuanto empiece a leer la segunda o tercera vez, empiece a tomar notas y a hacer observaciones de lo que está leyendo (vea el segundo paso y su formato de estudio de libro).

Segundo paso: Tome notas de lo que lee

Mientras lee el libro (vea el primer paso), escriba sus impresiones y los hechos importantes que haya descubierto. Escriba estas notas en una hoja de papel aparte o en su formato de estudio de un libro, que se encuentra al final de este capítulo. Tome en cuenta los nueve puntos siguientes:

1. *Categoría*: ¿Es un libro histórico? ¿Poético? ¿De profecía? ¿De la Ley? ¿Biográfico? ¿Una epístola?

2. *Primeras impresiones*: ¿Cuál fue su primera impresión de este libro? ¿Cuál piensa que es el propósito del escritor? ¿Qué sintió cuando lo leyó?

3. *Palabras clave*: ¿Cuáles son algunas de las palabras significativas que el escritor usó? ¿Qué palabras se repiten con más frecuencia? ¿Qué palabra o palabras destaca?

4. *Versículo clave*: ¿Cuál parece ser el versículo clave (cualquiera)? ¿Qué ideas o frases repite que puedan revelar su pensamiento principal? ¿Cuál es la declaración clave del escritor?

5. *Estilo literario*: ¿Es un libro narrativo? ¿Es un drama? ¿Es una carta personal? ¿Es un discurso? ¿Es poético? ¿Es una combinación de narración y poesía? ¿Emplea el escritor un lenguaje figurado? ¿Emplea un argumento lógico?

6. *Tono emocional*: ¿Está enojado el escritor? ¿Está triste? ¿Está airado? ¿Preocupado? ¿Emocionado? ¿Deprimido? ¿Tranquilo? ¿Qué cree que pudieron haber sentido los receptores cuando recibieron su escrito? ¿Cómo lo hace sentir a *usted*?

7. *Tema o temas principales*: Escriba el que según usted sea el tema o temas principales. ¿Qué dice el escritor? ¿Cuál es su mayor énfasis?

8. *Estructura del libro*: ¿Ve alguna división obvia de pensamiento en el libro? ¿Cómo está organizado el libro? ¿Está organizado en torno de la gente? ¿A los eventos? ¿A lugares (geografía)? ¿A ideas? ¿A lapsos de tiempo?

9. *Personajes principales*: ¿Quiénes son los personajes principales del libro? ¿Qué personas se mencionan más veces, en qué partes y qué papel juegan en el libro?

Tercer paso: Haga un estudio de trasfondo

Averigüe el escenario histórico y geográfico del libro. ¿En qué trasfondo encaja el libro? Puede emplear las siguientes preguntas para ayudarse a encontrar algunos hechos. También use las ideas que se presentaron en el método de estudio bíblico del trasfondo de un libro (capítulo 8). Muchas de las respuestas se pueden encontrar exactamente en el mismo libro, así que primero busque en él. Si no puede encontrar las respuestas a sus preguntas de trasfondo en el texto solo, entonces vea obras de consulta o comentarios (vea obras de consulta que va a necesitar y que enlistó al inicio de este capítulo).

- Estudie todo lo que pueda acerca del escritor. ¿Quién era?
- ¿Cuándo se escribió el libro (fecha)?
- ¿Dónde se escribió el libro?

- ¿Para quiénes se escribió el libro? ¿Quiénes eran los receptores? ¿Quién era él? ¿Quién era ella? Investigue el trasfondo histórico y geográfico de él, ella o ellos.
- ¿Por qué se escribió el libro? Investigue las circunstancias que se relacionan con el escrito.
- ¿Qué otra información de trasfondo arroja luz sobre este libro?
- ¿Dónde está colocado este libro en la Biblia? ¿Es un puente entre varios períodos de la historia?
- ¿Cuáles son los lugares geográficos que se mencionan en el libro? ¿Dónde están? Dibuje un mapa si considera que esto puede ayudarlo.

Cuarto paso: Haga un diagrama horizontal del contenido del libro

Uno de los pasos emocionantes al hacer el estudio de un libro es la hechura del diagrama horizontal. Este es un diagrama del contenido de un libro hecho sobre una o dos hojas de papel. El valor de un diagrama es que le permite visualizar de un modo gráfico los contenidos y divisiones de un libro. Y eso le da una nueva perspectiva de él. Las tres partes de un sencillo diagrama horizontal son las *divisiones principales* del libro, *títulos de los capítulos* y *títulos de los párrafos*.

¿Por qué hacer un diagrama horizontal? Usted obtiene varios beneficios de su estudio al hacer un diagrama horizontal.

- Lo ayuda a resumir las ideas principales y los contenidos de un libro.
- Le facilita ver los contenidos de todo un libro de un solo vistazo.
- Lo ayuda a descubrir las relaciones entre capítulos y párrafos.
- Lo hace consciente de las ideas que se repiten en distintos lugares del libro.
- Le sirve como un dispositivo de memoria que lo ayuda a recordar los contenidos de los capítulos rápidamente.
- Le facilita pensar en todo el libro y a recordarlo.

Preparación para hacer un diagrama horizontal. Para hacer un sencillo diagrama horizontal necesita tres herramientas:

- Una Biblia dividida en párrafos. Las versiones más recientes tienen el texto dividido en párrafos para facilitarle ver las unidades de pensamiento. Usted necesita saber esto para poder hacer un diagrama.

- Una hoja blanca de papel, de preferencia tamaño carta. Es conveniente intentar ajustar su diagrama en una hoja de papel para que pueda ver toda la estructura del libro de un vistazo. Cuando trabaje un libro grande (Isaías, Génesis, Salmos, etc.), intente usar la menor cantidad de hojas que le sea posible. Cuando use más de una hoja, asegúrese de usar la misma medida para que pueda mantener el juego unido.
- Un lápiz (o pluma) y una regla.

Cómo hacer un diagrama horizontal. Dé los cuatro pasos siguientes en cada diagrama que haga.

1. En una hoja de papel en blanco haga tantas columnas verticales como capítulos tenga el libro que está estudiando. Para libros más largos haga las columnas lo más angostas que pueda y abrevie cuando escriba en ellas. Para libros más largos tal vez tenga que usar dos o más hojas de papel.

2. Lea todo el libro otra vez y encuentre las *divisiones principales*. Registre estas divisiones en forma sintética, con pocas palabras, en lo alto de su diagrama (vea el ejemplo de un formato lleno al final de este capítulo).

3. Lea el libro una vez más y piense en *un título para cada capítulo* (o grupo de capítulos en un libro más largo). Regístrelos en lo alto de cada columna, directamente debajo de las divisiones principales. Irving Jensen ha sugerido cinco características para hacer buenos títulos de capítulos (*Independent Bible Study*, Moody Press, p. 108).

- Es preferible usar una palabra y no más de cuatro.
- Use palabras pintorescas que lo ayuden a visualizar los contenidos.
- Use palabras tomadas directamente del texto si es posible.
- Use palabras que no haya usado anteriormente como títulos de capítulos en su estudio de otros libros.
- Use palabras que le digan en qué parte del libro está usted.

4. Lea el libro una vez más y haga lo mismo con todos los párrafos de su libro. Intente relacionar *los títulos de los párrafos* con el título del capítulo bajo el que están.

A medida que se haga más experto en este ejercicio, podrá agregar a sus diagramas cosas que personalicen su estudio.

Quinto paso: Haga un bosquejo provisional del libro

Después que haya resumido los contenidos de los libros en un diagrama horizontal, ya está listo para hacer un sencillo bosquejo provisional del libro. Más tarde, en el método de estudio bíblico de síntesis del libro (capítulo 11), podrá hacer su último y detallado bosquejo del libro. En el método de estudio de un libro usted simplemente debe bosquejar los puntos principales del libro y mostrar la relación entre ellos. A continuación le damos algunas sugerencias:

1. Consulte su diagrama horizontal para tener ideas para su bosquejo. A menudo su diagrama le mostrará la obvia y natural organización de los contenidos del libro.

2. Bosqueje de mayor a menor. Primero investigue las divisiones principales del libro, luego las subdivisiones (podrían ser los mismos capítulos), y por último los puntos importantes que van debajo de las subdivisiones (que podrían ser los párrafos). En libros más largos tal vez necesite tener más subpuntos debajo de estos.

3. Vea las divisiones de los párrafos para que le den pistas para su bosquejo. Debido a que el párrafo es la unidad básica de pensamiento en el escrito, puede usar las divisiones de párrafo como una guía para diseñar el bosquejo del capítulo. Escriba una breve declaración del contenido de cada párrafo, luego use las declaraciones como los puntos principales para su bosquejo.

4. Después de haber hecho su propio bosquejo, compárelo con tantos otros como pueda. Vea en los libros de consulta que estén a su disposición y compare su trabajo con el de otros escritores. No se preocupe si su bosquejo no se parece exactamente a los de ellos, porque a menudo hay muchas maneras de bosquejar un libro. Se va a dar cuenta de que incluso hasta los eruditos disienten.

Sexto paso: Escriba una aplicación personal

Aunque el propósito principal del estudio de un libro es conseguir que se familiarice con sus contenidos generales, usted no debe olvidar hacer la aplicación personal de alguna revelación que descubrió mientras lo estudiaba. Elija algo sobre lo que el Señor le haya hablado acerca de su estudio y escriba una aplicación de esa verdad que sea práctica, posible y medible (vea las instrucciones en el capítulo 1 sobre cómo escribir una aplicación significativa).

Cómo llenar el formulario de estudio de un libro

Use el formato que está al final de este capítulo o en su propia hoja de papel con las mismas divisiones.

Para llenar el formulario

Usará este formato (o su propia hoja de papel con las mismas divisiones) y una hoja de papel adicional (para su diagrama horizontal).

Escriba el nombre del libro en el espacio en blanco y el número de capítulos que tiene. Luego siga los seis pasos que acabamos de estudiar, con las nueve secciones que se encuentran debajo del segundo paso.

1. Registre el número total de veces que haya leído todo el libro.

2. Sobre la base de las veces que hizo sus lecturas, llene las secciones en blanco de su formato de estudio de un libro. Regrese y consulte el segundo paso: tome notas de su lectura de este capítulo.

3. Registre cualquier observación de trasfondo que crea que lo ayudará a comprender el libro.

4. En una hoja aparte, dibuje un sencillo diagrama horizontal.

5. En un formato de bosquejo escriba un resumen o panorama general del libro.

6. Escriba una aplicación práctica.

Muestra de un formato lleno

Vea el ejemplo del libro de los Efesios al final de este capítulo.

Tarea

Usted debe empezar a practicar el método de estudio de un libro de la Biblia, análisis de capítulos y síntesis de libros, con algunas de las epístolas más cortas del Nuevo Testamento. Una vez que haya adquirido habilidad en el proceso, podría intentar estudiar Marcos, el Evangelio más corto, o uno de los profetas menores más cortos. A continuación le sugerimos un orden con el que empezar:

- 1 Tesalonicenses
- 1 Juan
- Filipenses
- 2 Timoteo
- Efesios
- Marcos
- Romanos
- Habacuc

Después que haya hecho estos, elija los libros que quiera estudiar.

Formato de estudio de libro

Libro: Efesios   **Capítulos:** 6
1. **Número de veces que lo leí:** 5
2. **Notas sobre el libro:**   • *Categoría*: carta del Nuevo Testamento   • *Primeras impresiones:* Es un libro que fortalece mi fe y me desafía en mis responsabilidades. Es fuertemente doctrinal.   • *Palabras clave*: «en Cristo» y «caminar»   • *Versículos clave:* 1:3 y 4:1   • *Estilo literario*: carta general que se interrumpe por dos oraciones de adoración.   • *Tono emocional*: es tranquilo, manifiesta la intención de enseñarles a sus lectores y desafiarlos en sus responsabilidades.   • *Tema o temas principales*: lo que somos a causa de Jesucristo («en Cristo») y nuestras responsabilidades a causa de permanecer en él.   • *Estructura*: dos divisiones principales están separadas por un «por lo tanto». En la primera parte se registran dos oraciones.   • *Personajes principales*: Pablo, la iglesia de los efesios, fuerzas diabólicas y Tíquico.
Obras de consulta usadas: *Manual Bíblico Ilustrado*   *Ephesians*, de William Hendriksen   *Nuevo Diccionario Bíblico Ilustrado*

3. Trasfondo del libro:

Pablo fundó la iglesia de los efesios en su segundo viaje misionero y dejó a Aquila y a Priscila allí para darle seguimiento a los convertidos. Ellos habían ejercido allí una influencia en la vida de Apolo.

Al principio de su tercer viaje misionero Pablo regresó y ministró en la ciudad por un largo tiempo, durante el cual el evangelio se esparció por toda la provincia de Asia.

Cuando después Pablo estuvo preso en Roma, le escribió una carta a esta iglesia. Era una simple ocasión y una oportunidad para fortalecer a la iglesia tanto en lo doctrinal como en lo práctico. Escribió para fortalecer a los creyentes en la opinión que tenían de sí mismos (a la luz de la poderosa influencia de las religiones de la ciudad, como la del templo de Artemisa) y para que cumplieran con sus responsabilidades como cristianos en su comunidad.

Muchas referencias de la carta son pertinentes para los lectores originales porque el trasfondo es la ciudad de Éfeso, su cultura, gobierno e historia (vea el estudio de trasfondo para detalles al respecto).

5. **Bosquejo provisional del libro:**

I. Quiénes son miembros de la Iglesia (1—3)

   A. Los que Dios escogió (1) (termina con una oración)

   B. Los que Cristo salvó (2)

   C. A ellos el Espíritu Santo los invistió de poder (3)
   (termina con una oración)

II. Lo que los miembros de la Iglesia deben hacer (4—6)

   A. Sus responsabilidades (4:1—5.21)

   B. Sus relaciones en tres niveles (5:22—6.9)

   C. Su conflicto con los poderes satánicos (6:10-20).
   Termina con un breve comentario (6:21-24)

6. **Aplicación personal:**

Lo que me impacta de este libro es la estrecha relación entre creer y actuar. Si soy un creyente cristiano, entonces asumo que debo actuar de un modo cristiano. Debido a quién soy ante los ojos de Dios, se me requieren, por lo tanto, algunas acciones en todas mis relaciones.

Debido a que Cristo me ha reconciliado con los demás (capítulo 2), debo perdonar de la misma manera en que Cristo me perdonó (4:32). No siempre he sido una persona que perdona y he guardado rencor y resentimiento. Voy a revisar mi corazón y voy a asegurarme de que he perdonado a todos los que me pudieron haber hecho algún mal, sea real o imaginario. Luego, de ser necesario, voy a ir con esas personas y les voy a pedir que me perdonen. Mientras me analizo a mí mismo voy a memorizar Efesios 4:32.

Formato de estudio de libro

Libro:	Capítulos:

1. Número de veces que lo leí:

2. Notas sobre el libro:

- *Categoría*:

- *Primeras impresiones*:

- *Palabras clave*:

- *Versículos clave*:

- *Estilo literario*:

- *Tono emocional*:

- *Tema o temas principales*:

- *Estructura*:

- *Personajes principales*:

Obras de consulta usadas:

3. Trasfondo del libro:

4. **Diagrama horizontal:**

5. Bosquejo provisional del libro:

6. Aplicación personal:

10
Método
de estudio bíblico
de análisis de capítulos

Cómo estudiar en profundidad
un capítulo de un libro de la Biblia

La segunda etapa del estudio de un libro de la Biblia es hacer el análisis de cada uno de los capítulos de ese libro. Después de haber terminado su estudio del libro ya tiene un buen dominio y un panorama general del libro para empezar a examinarlo en cada una de sus partes. En vista de que la mayoría de las divisiones de los capítulos es confiable, lo mejor es examinar las partes de esta manera.

Definición

El análisis de capítulo implica obtener una comprensión total del material del capítulo de un libro mediante la cuidadosa observación de cada párrafo, oración y palabra de una manera sumamente detallada y sistemática. Las tres partes de este método son: resumen de capítulo, análisis versículo por versículo y una conclusión del capítulo. Estas partes se pueden hacer en el formato que se presenta al final del capítulo o en hojas de papel en blanco.

¿Por qué hacer un análisis de capítulo?

El análisis de capítulo, cuando se hace con el estudio de un libro y método de síntesis de un libro, le facilita comprender de qué manera se escribió la Biblia: en libros completos. También es un método en el que usted usa ayudas externas limitadas, y por lo tanto le facilita aprender las Escrituras por sí mismo.

Nota: Dawson Trotman, fundador y presidente de Los Navegantes, creía que este método era de suma importancia para que los cristianos aprovecharan la Palabra de Dios. Cientos de hombres y mujeres, en los primeros días de esa organización, se entrenaron para hacer análisis de capítulos y recibieron una educación bíblica comparable a la que se imparte en institutos y escuelas bíblicas. Desde ese entonces se ha publicado un excelente número de libros que amplían este método en detalle. Si este método es de especial interés para usted, le sugiero que adquiera algunos de los libros enlistados al final de este capítulo. Le proporcionan una excelente y adicional visión de este popular método de estudio.

Pasos sencillos para hacer el estudio de análisis de capítulo

En este método deberá empezar con una introducción (resumen del capítulo), que es el primer paso, luego haga el análisis versículo por versículo, que son los pasos dos al cinco, y termine con una conclusión del capítulo, de los pasos seis a siete.

Primer paso: Escriba un resumen del capítulo

Empezó este paso leyendo y releyendo el capítulo muchas veces. Todo lo que está haciendo aquí son observaciones generales sobre el capítulo como un todo. Después de haberlo leído varias veces, describa el contenido general de una manera que se pueda identificar. No intente interpretar lo que ve en este momento, más bien apunte a familiarizarse con este capítulo. Puede hacer su resumen en una de las siguientes tres maneras:

Primer paso:	Escriba un resumen del capítulo
Segundo paso:	Haga una lista de sus observaciones
Tercer paso:	Plantee preguntas sobre su interpretación
Cuarto paso:	Correlacione el capítulo con las Escrituras
Quinto paso:	Haga una lista de algunas posibles aplicaciones
Sexto paso:	Como conclusión escriba algunos pensamientos
Séptimo paso:	Escriba una aplicación

1. *Parafrasee*. La manera más sencilla consiste en hacer simplemente una nueva redacción con sus propias palabras. Resúmalo de tal manera que pueda leerles su paráfrasis a otras personas. Puede examinar algunas paráfrasis recientes como ejemplo.

2. *Haga su bosquejo*. Otra manera sencilla de resumir es hacer un bosquejo basado en las divisiones de párrafos del capítulo. Póngale un título a cada párrafo, luego coloque algunos subpuntos debajo de cada uno.

3. *Escríbalo otra vez sin las cláusulas y frases modificantes*. Use solo sujetos, verbos y complementos en su resumen. Esta es una buena manera de resumir algunos de los escritos de Pablo en los que él elabora oraciones (sobre todo en la versión antigua) difíciles de entender a causa de su complejidad.

Una vez que haya terminado su resumen de capítulo, póngale un título al capítulo usando su título o uno del libro de algún erudito o cualquiera que se le haya ocurrido mientras preparaba su estudio.

Segundo paso: Haga una lista de sus observaciones

Con este paso se inicia el análisis de versículo por versículo del capítulo. Empiece con la actividad de la observación. En este paso debe mirar con sumo detalle cada oración y palabra y escribir todo lo que vea. Intente contestar la pregunta: «¿Qué dice?»

Antes de que pueda empezar a interpretar el significado de un versículo o de un pasaje, primero debe ver qué es lo que en verdad dice. El propósito de la observación es que se sature por completo de los contenidos de un pasaje de la Biblia. Una de las más grandes diferencias entre un buen estudiante de la Biblia y uno pobre consiste en que el primero se entrenó en observar cosas en el texto que otros pasaron por alto.

Por qué se pasan por alto hechos bíblicos. Las tres razones de por qué a menudo pasamos por alto cosas y erramos tanto en el texto bíblico son: 1) Pasamos demasiado rápido por un pasaje. Por eso necesitamos disminuir la velocidad y no ser descuidados en una lectura veloz. 2) No escribimos nuestras observaciones. El profesor Louis Agassiz, profesor de Zoología en Harvard en el siglo XIX, les enseñó a sus estudiantes el arte de la observación; él solía decir: «Un lápiz es el mejor ojo». Debemos escribir lo que vemos y entonces empezaremos a ver más. 3) Nos damos por vencidos muy pronto. Mientras más exprimamos un limón, más jugo le sacaremos; esa es la clave. Pero a diferencia de los limones, la Biblia nunca se seca. Podemos estudiar un texto cientos de veces y nunca agotaremos las riquezas que contiene. Así que no debemos darnos por vencidos tan rápido; más bien debemos mantener la observación, y mientras más tiempo, mejor.

Pregunte. Como ya lo hemos planteado, el secreto para hacer un buen estudio bíblico radica en aprender a hacer las preguntas correctas (vea la introducción al principio de este libro). El único límite para el número de preguntas que puede hacerle a un texto de las Escrituras lo determina su fuerza de voluntad de estar pegado a él. Mientras siga desarrollando sus habilidades para estudiar la Biblia, el tipo y número de preguntas que haga mejorarán y usted podrá observar cada vez más. Luego, la clave para hacer una buena observación es una mezcla de ser diligente, paciente, de hacer muchas preguntas y de escribir todo cuanto observa.

Como una ayuda para sus observaciones, el Apéndice F tiene una lista de 30 ideas que pueden ayudarlo a elegir las que encajen con su estudio.

Tercer paso: Haga preguntas para su interpretación

Después de observar todo lo que pueda en el pasaje que está estudiando, ya está listo para hacer la interpretación. Este paso involucra hacer preguntas interpretativas, y luego el intento de encontrar sus respuestas. En este ejercicio va a descubrir el propósito de los escritores bíblicos y el mensaje por medio del significado de sus ideas.

Por lo general las preguntas interpretativas incluyen las palabras qué o por qué. Algunos ejemplos de estas son:

- ¿Por qué el escritor dijo esto?
- ¿Qué significa _____?
- ¿Cuál es la significancia de _____?
- ¿Cuál es la implicación de _____?
- ¿Por qué es importante esto?

Debe poder pensar en muchas otras preguntas interpretativas que pueda plantear. Nunca crea que una pregunta es demasiado ridícula o tonta. Escriba siempre cualquier pregunta en su formato aun cuando piense que tal vez no encontrará su respuesta. Quizá más tarde, al estudiar otro capítulo, pueda contestarla; si es así, regrese al formato de este capítulo y escriba la respuesta. Recuerde que mientras más preguntas haga, más desmenuzará el texto.

Haga una lista de las dificultades. Cuando esté escribiendo sus preguntas sobre el significado del texto, una buena idea es escribir también *cualquier dificultad* que tenga para entender lo que se está diciendo. Las dos clases de dificultades más comunes son las *dificultades personales* en cuanto a cuestiones que le gustaría contestar más adelante o artículos para un estudio futuro, y *dificultades posibles,* asuntos que no le son molestos en este momento, pero que sería bueno estudiar para ayudar a otros para quienes sí son una carga.

Encuentre el significado correcto del texto. Una vez que haya hecho la lista de todas sus preguntas para la interpretación, debe empezar a encontrar algunas respuestas. Puede hacerlo de diferentes maneras.

1. *Analice el contexto.* Siempre debe empezar por esta parte, porque a menudo las respuestas a sus preguntas podrán encontrarse en los versículos que anteceden y siguen a su texto. Interprete siempre un pasaje a la luz de su contexto. Para estudiar el contexto tal vez tenga que regresar a las observaciones que hizo en su estudio del libro para encontrar las respuestas a estas preguntas.

- ¿Quién habla?
- ¿A quién se lo están diciendo?
- ¿Cuándo se dijo?
- ¿Dónde se dijo?
- ¿Bajo qué circunstancias?
- ¿Cuál es el tema principal del mensaje?
- ¿Se revela el propósito de lo que se habla?
- ¿Qué otro material de trasfondo aclara esta declaración?

Puede evitar las malas interpretaciones mediante el análisis del contexto de un versículo.

2. *Defina las palabras y frases que se emplean.* Debe interpretar su texto de acuerdo con el verdadero y correcto significado de las palabras. Busque el significado de las palabras importantes en un diccionario bíblico, en una edición de estudio de palabras o en un diccionario de la lengua española.

3. *Estudie la gramática y estructura de las oraciones.* A veces un problema de interpretación se puede aclarar al analizar una oración o entender la intención del párrafo mediante el uso de la gramática del escritor.

4. *Compare entre sí diferentes traducciones del texto.* Use distintas versiones de la Biblia que sean recientes para ver cómo tradujeron diferentes traductores esa palabra en particular, frase o párrafo.

5. *Estudie el trasfondo del texto.* Interprete el texto a la luz de la historia, la cultura, la geografía, economía, sociedad y los sucesos de trasfondo del libro.

Esto le muestra el valor de hacer un estudio de libro antes de intentar hacer el estudio de análisis de un capítulo. Luego use sus obras de consulta para estudiar el trasfondo, el propósito del escritor al escribir el libro y otros factores pertinentes.

6. *Compare el texto con otros pasajes de las Escrituras.* Su siguiente paso, la correlación, le dará algunas respuestas a sus preguntas de interpretación mientras compara las Escrituras consigo mismas.

7. *Consulte un comentario como último recurso.* Después que haya intentado encontrar el significado del texto por usted mismo y que las referencias cruzadas no le hayan sido de ayuda, consulte alguna obra de un destacado erudito bíblico. Se da lugar a los comentarios en el estudio bíblico pero *solo después que haya hecho su propio trabajo.* Compare su interpretación con los escritos de cristianos devotos y vea si la suya concuerda con las de ellos. Si hizo una interpretación correcta, puede estar seguro de que en el pasado Dios se lo ha mostrado a otros estudiantes sinceros de la Biblia. Si no puede encontrar a alguien que concuerde con usted, tal vez se deba a que hizo una interpretación equivocada.

Cuarto paso: Compare su capítulo con otros pasajes

Este paso consiste en encontrar referencias cruzadas para los versículos de su capítulo para obtener explicaciones adicionales del significado del texto. Se fundamenta en el principio de interpretación que dice: «La Biblia es su propio intérprete; la Escritura es el mejor explicador de la Escritura». A menudo usted puede explicar pasajes que no son tan claros con los que sí lo son. Pregúntese: «¿De qué manera otros pasajes de las Escrituras se relacionan con este y lo explican?"

Pasos para las referencias cruzadas. A continuación le damos pasos prácticos para establecer una relación entre los versículos.

1. En primer lugar, busque referencias cruzadas dentro del mismo libro que está estudiando. Esta es una comparación *interna.*

2. Segundo, compare declaraciones de los escritos del mismo autor. Esta es una comparación *externa.*

3. Después compare con otros libros del mismo Testamento.

4. Por último, compare referencias en toda las Escrituras. Usted puede encontrar referencias cruzadas en una Biblia de estudio, en una Biblia de re-

ferencias o mediante la investigación de palabras similares en una concordancia.

Clases de referencias cruzadas. Hay diferentes tipos de referencias cruzadas. Algunas de estas son:

- *La referencia cruzada pura.* A veces se la llama referencia cruzada paralela porque dice casi exactamente lo mismo que el versículo que se está analizando.

- *La referencia cruzada ilustrativa.* Este tipo de referencia cruzada, que puede ser un suceso real o un personaje histórico, ilustra lo que dice el versículo que está usted estudiando.

- *La referencia cruzada de contraste.* Este tipo de referencias cruzadas dice lo contrario de su versículo. Puede hasta parecer una contradicción, pero en realidad es un acercamiento al tema desde un punto de vista diferente.

Una palabra de advertencia acerca de las referencias cruzadas: asegúrese de estudiar el *contexto* de los versículos que escogió como referencias cruzadas. De lo contrario usted podría hacer que digan lo que el escritor nunca dijo.

Quinto paso: Haga una lista de algunas aplicaciones posibles

La última parte del análisis de versículo por versículo es escribir una *posible* aplicación. Recuerde que la meta de su estudio bíblico no es hacer solo una interpretación, sino su aplicación. Debido a las muchas aplicaciones posibles que un capítulo puede tener, en esta etapa solo hará una lista de ellas. Más adelante, en el paso siete, podrá escoger *una* de estas para escribirla y para trabajar en ella durante la semana. Ya ha visto que no puede llevar a cabo más de una aplicación por semana. Es mejor registrar solo una aplicación y aplicar plenamente esa verdad en su vida, que escribir varias aplicaciones y después fracasar en implementar cualquiera de ellas.

Sexto paso: Como conclusión, escriba algunos pensamientos

Regrese a los resultados de los primeros cinco pasos, revíselos con todo cuidado y, como conclusión del capítulo, escriba algunos pensamientos. Podría incluir algunas observaciones adicionales, alguna interpretación que haya hecho o temas que llegó a descubrir, posibles tópicos y personajes que quisiera estudiar en el futuro, palabras de las que quisiera llevar a cabo un estudio o cualquier tipo de pensamientos sobre el tema que le lleguen a la mente.

Séptimo paso: Escriba una aplicación

Ahora regrese a las posibles aplicaciones que enlistó en el quinto paso y escoja una para trabajar en ella la próxima semana. Para este tiempo ya debió haber adquirido una buena práctica en escribir aplicaciones que sean personales, prácticas, posibles y medibles. Si necesita ayuda adicional, consulte el método de estudio bíblico devocional (capítulo 1). No olvide redactar sus aplicaciones en tiempo presente, no futuro. Pregúntese a sí mismo: «¿Qué voy a hacer al respecto *ahora*?»

Cómo llenar el formulario de análisis de un capítulo

Utilice el formato que está al final de este capítulo o su propia hoja de papel con las divisiones necesarias.

Para llenar el formulario

Primero llene lo que se refiere al capítulo que va a estudiar. Tal vez quiera estudiar solo la mitad de un capítulo (si se trata de uno muy largo). Después de unas cuantas lecturas llénelo con los propios títulos que le puso a este capítulo, o tómelos de uno de sus libros de consulta o póngale uno nuevo que se le haya ocurrido mientras hacía sus lecturas. Enseguida debe resumir su capítulo valiéndose de uno de los tres métodos sugeridos (vea el primer paso).

En cuanto empiece a hacer su análisis versículo por versículo, escriba el número de versículos en la columna provista para ello y siga con sus observaciones, interpretaciones, correlaciones y las posibles aplicaciones. Use cuantas hojas adicionales de papel o del formato necesite.

Detrás del formato escriba sus conclusiones y una aplicación.

Muestra de un formulario lleno

Vea el ejemplo del libro de los Efesios, capítulo 1, al final de este capítulo.

Tarea

Vea la tarea del método de estudio bíblico de estudio de un libro (capítulo 9) para las tareas que se sugieren en cuanto a qué libros de la Biblia estudiar usando estos tres métodos.

Lecturas adicionales

De este método, más que de ningún otro, se han escrito muy buenos libros para el estudio de la Biblia. Según se lo permitan su inclinación y finanzas, compre algunos de ellos para su propia biblioteca y referencias.

Libros recomendables sobre análisis de capítulo

Nuevo Comentario Ilustrado de la Biblia (Editorial Caribe)

Compendio Manual Portavoz, Harold L. Wilmington (Editorial Portavoz)

Formato de análisis de capítulo

Capítulo: Efesios 1

Título del capítulo: «El gran propósito de Dios para nuestras vidas»

1. **Resumen del capítulo:**

Introducción (1:1-2)

I. La revelación del propósito de Dios (1:3-14)
   A. Declaración del resumen: Lo que él nos ha dado (1-3)
   B. Las bases de nuestra salvación (la obra de Dios el Padre) (1:4-6)
      1. Nos eligió para ser santos y sin mancha (1:4)
      2. Nos adoptó como sus hijos (1:5)
      3. Nos dio gracia gratuita (1:6)
   C. Los beneficios de nuestra salvación (la obra de Dios el Padre) (1:4-12)
      1. Se sacrificó por nosotros (1:7)
      2. Su gracia sobreabunda sobre nosotros (1:8)
      3. Nos reveló su voluntad (1:9-10)
      4. Nos hizo partícipes de su herencia (1:11-12)
   D. La dádiva de nuestra salvación (la obra del Espíritu Santo Dios) (1:13-14)
      1. Nos reveló a Cristo (1:13)
      2. Nos selló como hijos de Dios (1:13)
      3. Él garantiza nuestra herencia (1:14)

II. La respuesta a la oración a Dios (1:15-23)
   A. El fundamento de la oración (1:15-17a)
      1. Por los fieles y el amor de los creyentes (1:15)
      2. Para que sean fieles y amen a Dios (1:16-17a)
   B. La formulación de una oración (1:17b-20a)
      1. Orar por sabiduría (1:17b)
      2. Orar por tener revelación (1:17b)
      3. Orar por un conocimiento experiencial (1:18b-20a)
   C. El final de una oración (1:20b-23)
      El reconocimiento de…
      1. La Resurrección de Cristo (1:20b)
      2. El dominio de Cristo sobre todas las cosas (1:21)
      3. Cristo es la cabeza que está sobre todas las cosas (1:22)
      4. El señorío de Cristo sobre la Iglesia (1:23)

2. Observación ¿Qué dice?		3. Interpretación ¿Qué significa?		4. Correlación ¿Dónde más se explica?		5. Aplicación ¿Qué haré al respecto?
Ef.		**V.**		**V.**		
1:3	Dios me bendijo con toda bendición espiritual	3	Dios cree que yo soy muy especial	3	1 Pedro 1:3 2 Pedro 1:4	Agradecerle a Dios lo que hizo por mí
4	Dios me eligió para que viva en santidad	4	Debo obedecer a Dios y sus mandamientos	4	Romanos 8:29 Éxodo 20:1-7	Debo asegurarme de guiar mi vida hacia la santidad
5	Dios me ha adoptado en su familia	5	Eso significa que le pertenezco para siempre	5	Gálatas 4:5 Filipenses 2:13	Debo actuar como quien pertenece a la familia de Dios
7	A través de Cristo he recibido el perdón	7	Solo Cristo puede perdonar los pecados	7	Marcos 10:45 Romanos 3:25	Debo agradecerle a Dios la totalidad de su perdón
9	Dios nos reveló su voluntad por medio de Cristo	9	En Cristo Dios da la revelación total de sí mismo	9	Gálatas 1:15 Efesios 3:29 Hebreos 1:1-2	Mi estudio bíblico es esencial para conocer la voluntad de Dios
11	Fui hecho heredero de Dios por medio de Cristo	11	Tengo todos los privilegios de un heredero	11	Romanos 8:16-17 Hechos 20:32	Debo darle gracias a Dios por su gran don
13-	El Espíritu Santo en mí es mi garantía de salvación y aceptación	13-	Eso significa que soy importante, que Dios me dio una gran garantía	13-	Juan 3:33	Debo vivir de una manera que no ofenda al Espíritu Santo que vive en mí
14		14		14	Efesios 4:30 2 Corintios 5:5	
16	Pablo ora por los efesios	16	Debo orar por mis compañeros cristianos	16	Filipenses 1:3 Romanos 1:8-10	Voy a orar por Juan, Susana y Roberto
18	Pablo ora para que otros reciban conocimiento	18	Debo orar para que otros conozcan la voluntad de Dios	18	Hechos 26:18	Necesito hacer esta oración por Carlitos y Juana

6. Conclusiones:

Este capítulo muestra lo que Dios le dio a su pueblo. Lo ha bendecido con toda clase de bendiciones espirituales. Sigue con una lista de muchas de las bendiciones de la obra trinitaria de la salvación, con respecto a lo que Dios Padre, Dios Hijo y Dios Espíritu Santo han hecho por nosotros. Leer una sección de las Escrituras como esta nos debería dar un verdadero sentido de dignidad porque este es el comentario de lo que Dios piensa acerca de quienes le pertenecen.

La respuesta apropiada a esta gran revelación debería ser una oración de gratitud, adoración y alabanza, que es exactamente lo que Pablo hace al final del capítulo.

7. Aplicación personal:

Debo desarrollar un espíritu de adoración como Pablo lo hace aquí. Está tan abrumado por lo que Dios ha hecho por nosotros que ora en forma espontánea. Debo meditar acerca de lo que Dios ha hecho por mí y de esa manera corresponderle con una oración de adoración y alabanza también.

Para implementarlo volveré a leer Efesios 1 cinco veces, sustituyendo «yo» y «me» por los pronombres que tiene el capítulo y luego voy a pasar tiempo orando sin pedir nada para mí mismo, sino dirigiendo todas mis peticiones hacia Dios y su gloria.

Formato de análisis de capítulo

Capítulo:
Título del capítulo:
1. Resumen del capítulo:

2. Observación ¿Qué se dice?		3. Interpretación ¿Qué significa?	
Versiculo		Versículo	

	4. Correlación ¿Dónde más se explica?	5. Aplicación ¿Qué haré al respecto?
Versiculo		

6. Conclusiones:

7. Aplicación personal:

11
Método
de estudio bíblico
de síntesis del libro

Cómo vincular un libro entero con la Biblia

Al estudiar un libro de la Biblia comenzamos examinándolo como un todo y luego hacemos un bosquejo tentativo del texto. A continuación examinamos con todo cuidado el libro, capítulo por capítulo, y analizamos cada versículo de cada capítulo. Y entonces llegamos al tercero de los métodos en este acercamiento de tres partes para estudiar un libro de la Biblia. Este tercer método lo ayudará a resumir y condensar lo que aprendió de los dos métodos anteriores (capítulos 9 y 10).

Definición

El método de estudio bíblico de síntesis de un libro implica estudiarlo como una unidad total de pensamiento mediante una lectura de corrido, muchas veces, y resumiendo su contenido sobre la base de su previo estudio y el análisis de cada uno de sus capítulos. «La palabra *sintético* se deriva de la preposición griega *sin*, que significa *juntos*, y la raíz del verbo *the*, que quiere decir *poner*, así que el significado resultante es "poner juntos". Sintético es lo contrario de analítico, que quiere decir "separar"». En la síntesis ignoramos los detalles y vemos el cuadro completo. En este método juntamos lo que vemos por separado en el capítulo anterior (capítulo 10).

El porqué de este método de estudio bíblico

El método de síntesis del libro es una conclusión natural de un estudio en profundidad de un libro de la Biblia. En combinación con los dos métodos anteriores, este estudio le facilita ver el libro como un todo otra vez, después de haber observado sus partes en detalle. Usted «vuelve a poner el libro junto» para poder ver todos los detalles en su perspectiva apropiada. Hace esto al releer el libro y hacer un bosquejo final, poniéndole un título descriptivo, resumiendo sus conclusiones globales y escribiendo una aplicación.

Herramientas que va a necesitar

Para este método va a necesitar las mismas obras de consulta que empleó en el método de estudio de un libro, que se trató en el capítulo 9.

Pasos sencillos para hacer su síntesis de libro

El formulario de síntesis de libro tiene seis secciones para realizar seis pasos sencillos para el estudio. Asegúrese de haber llenado previamente el formulario de estudio de un libro y el formulario de análisis de capítulo de cada capítulo del libro y de tenerlos a mano para poder consultarlos a menudo.

Primer paso: Vuelva a leer el libro

Vuelva a leer el libro varias veces. Léalo de un tirón, en una traducción reciente, con rapidez, varias veces, en oración, sin consultar comentarios y con una pluma o lápiz a mano (vea las instrucciones para el primer paso, capítulo 9).

Segundo paso: Escriba un bosquejo detallado y final

Compare el diagrama horizontal y el bosquejo tentativo que hizo de su estudio del libro, junto con los resúmenes de pasaje y su estudio de análisis de capítulo. Sobre la base de las comparaciones de estos y sus escritos recientes, escriba un bosquejo del libro, final y detallado.

Primer paso:	Vuelva a leer el libro
Segundo paso:	Escriba un bosquejo detallado y final
Tercer paso:	Escriba un título descriptivo del libro
Cuarto paso:	Haga un resumen de lo que descubrió
Quinto paso:	Escriba una aplicación personal
Sexto paso:	Comparta los resultados de su estudio con alguien más

Tercer paso: Escriba un título descriptivo del libro

A partir del diagrama horizontal de su estudio del libro y de su bosquejo detallado y final que hizo en el segundo paso, escriba un título para el libro que acaba de estudiar. Piense en un título original que describa en pocas palabras de qué trata todo el libro. También podría consultar los títulos de los capítulos y hacer una síntesis a partir de ellos.

Cuarto paso: Haga un resumen de lo que descubrió

Repase y compare los pensamientos con los que concluyó cada uno de sus estudios de análisis de capítulos y resuma lo que crea que son los temas principales y conclusiones del libro. En esta etapa no consulte comentarios, porque lo importante aquí debe ser su propio discernimiento de la Palabra de Dios. Su profundidad de visión también puede incluir observaciones adicionales que haya adquirido durante sus nuevas lecturas.

Quinto paso: Escriba una aplicación personal

Repase todas las aplicaciones personales que hizo en su estudio de libro y en su estudio de análisis de capítulo y las posibles aplicaciones que enlistó para cada capítulo. Si aún no ha cumplido con algunas de las aplicaciones que ha escrito, redáctelas en este paso y haga planes específicos para llevarlas a cabo de inmediato. Si ya cumplió con algunas de ellas, escoja otras posibles aplicaciones de su estudio de capítulos o una de su estudio de síntesis y escríbalas aquí. Consulte el capítulo 1 de este libro para ver las maneras de hacerlo.

Sexto paso: Comparta los resultados de su estudio con alguien más

El estudio de la Biblia no debe tener como único fin alimentar su alma y aumentar su entendimiento de la Palabra de Dios. Los resultados del estudio bíblico deben incluir su aplicación y el deber de contárselo a los demás. Puede hacerlo de dos maneras.

1. Dígaselo a su «Timoteo» en una relación de persona a persona. Cuando esté con él (o con ella), cuéntele lo que ha estado aprendiendo de su estudio bíblico, qué aplicaciones ha estado realizando y de qué manera él también puede probarlo en su propio estudio. Mientras más lo difunda, más usted aprenderá.

2. Compártalo con su grupo de estudio bíblico. Si aún no forma parte de uno, podría crear un grupo pequeño, cuyos miembros estén estudiando el mismo libro de la Biblia y así intercambiar experiencias sobre lo estudiado.

De esta manera podrían fortalecerse y ayudarse unos a otros en áreas de estudio que tal vez no sean tan claras para alguno del grupo.

Cómo llenar el formulario de síntesis de libro

Use el formulario que está el final de este capítulo como apoyo para su estudio. Si le falta espacio, agregue hojas en blanco adicionales al formulario para que pueda mantener juntas todas sus investigaciones.

Para llenar el formulario

Escriba el nombre del libro que intentó estudiar en el correspondiente espacio en blanco del formulario. Luego siga los pasos del estudio en cuanto complete el resto.

Muestra de un formulario lleno

Vea el ejemplo del libro de los Efesios que se encuentra el final de este capítulo.

Tarea

Retroceda y consulte la tarea del capítulo 9 (método de estudio de un libro) de los libros que se sugirieron con los que podría empezar a practicar los últimos tres métodos.

Lecturas adicionales

Vea los libros que figuran en las secciones de lecturas adicionales de los dos capítulos precedentes.

Formulario de síntesis de libro

Libro: Efesios   **Capítulos:** 6

---

1. **Número de veces que lo leí:** 5

2. **Bosquejo final detallado:**
   Introducción (1:1-2)
   1. Autor: (1:1)
   2. Receptores: (1:1)
   3. Saludos: (1:2)

I. El plan de Dios para la Iglesia (1:3—3:21)
   (Quiénes somos ante los ojos de Dios)
   A. La elección de la Iglesia (1:3-23)
      1. La revelación del propósito de Dios (1:3-14)
         a. Declaración resumida (1:3)
         b. Los fundamentos de nuestra salvación: la obra de Dios Padre (1:4-6)
         c. Los beneficios de nuestra salvación: la obra de Dios Hijo (1:7-12)
         d. Las dádivas de nuestra salvación: la obra de Dios Espíritu Santo (1:13-14)
      2. La respuesta de la oración hecha a Dios (1:15-23)
   B. La salvación de la Iglesia (2:1-22)
      1. La obra de Cristo en la regeneración (2:1-10)
         a. Lo que éramos (2:3)
         b. Lo que él hizo (2:4-9)
         c. Lo que él hizo para nosotros (2:10)
      2. La obra de Cristo en la reconciliación (2:11-12)
         a. Lo que éramos (2:11-12)
         b. Lo que él hizo (2:13-18)
         c. Lo que él hizo de nosotros (2:19-22)
   C. El secreto de la Iglesia (3:1-21)
      1. La revelación del «misterio» (3:3-13)
         a. Todos los que el Señor ha salvado son coherederos (3:1-6)
         b. Debemos predicarle esto a todas las personas (3:7-13)
      2. La respuesta de la oración hecha a Dios (3:14-21)
         a. Orar para que otros sepan esto (3:14-19)
         b. Doxología (3:20-21)

Bosquejo (continuación):

II. La conducta de la Iglesia (4:1-6:20)

(Nuestras responsabilidades delante de Dios)

A. Las responsabilidades de la Iglesia (4:1—5:21)

1. Caminar en unidad (4:1-16)

2. Caminar en un mismo entendimiento (4:17-32)

3. Caminar en virtud (5:1-4)

4. Caminar en luz, no en sombras (5:1-21)

B. Las relaciones internas de la Iglesia (5:21—6:9)

1. Relaciones conyugales (5:21-33)

2. Relaciones familiares (6:1-4)

3. Relaciones laborales (6:5-9)

C. Los recursos de la Iglesia (6:10-20)

1. La exhortación (6:10)

2. Los adversarios (6:11-12)

3. La armadura (6:13-17)

4. El acercamiento (6:18)

5. El embajador (6:19-20)

Conclusión (6:21-24)

1. El mensajero (6:21-22)

2. Saludos (6:23-24)

3. **Título descriptivo**

«¡Cristiano, tú eres alguien! ¡Vive como tal!»

4. **Resumen de lo que descubrí:**

   a. Dios es el autor de la salvación: él la planeó desde el mismo principio. Y porque se trata de su plan, ¡funciona!

   b. Jesucristo es el que nos redime de nuestros pecados y nos reconcilia con Dios y con nosotros mismos. No hay ninguna manera en que la gente de distintos trasfondos, razas, religiones, culturas, etc., se pueda reconciliar entre sí, excepto por medio de Cristo.

   c. El Espíritu Santo es el que vive en nosotros y nos capacita para comprender lo que somos en Cristo. Él es la garantía de nuestra salvación y el facilitador para que vivamos de acuerdo con el estilo de Dios.

   d. Debido a que estamos ante la vista de Dios, somos responsables de vivir una vida santa; somos responsables de llegar a ser como él. En los capítulos 1—3 se describe lo que Dios ha hecho; en los capítulos 4—6 se describe lo que tenemos que hacer. Debemos tomar en serio nuestras responsabilidades.

   e. El plan de Dios para TODO SU PUEBLO es que se involucre en la obra del ministerio. A causa de que todos recibimos bendiciones espirituales, todos somos responsables de ministrar a otros, de hablarles del Evangelio, de guiarlos al Señor, y de discipularlos.

   f. Dios espera determinado tipo de conducta de todos los cristianos en nuestras más íntimas relaciones. Tales relaciones implican al matrimonio, la edificación de la familia y el lugar donde trabajamos. Así que las responsabilidades que corresponden a todas estas relaciones están especificadas con sumo cuidado. Nuestra fe debe ser manifestada en medio de las relaciones básicas de la vida.

   g. Para nosotros es imposible, por nuestro propio esfuerzo, vivir de acuerdo con la manera en que Dios quiere que vivamos. Esa es la razón de que nos haya dado el Espíritu Santo y su armadura para ayudarnos a vivir como él quiere. Los recursos de Dios son nuestros, tanto como sus bendiciones. Debemos ponernos la armadura para poder vivir en victoria.

h. Este libro nos levanta de un modo excepcional en todo momento que empecemos a sentir lástima por nosotros mismos. En él Dios nos dice *qué* piensa de nosotros. Y no puede haber ninguna recomendación, más pequeña o más grande, que la que en sus términos Dios nos dice qué piensa de nosotros.

5. Aplicación personal:

Este libro especifica cuáles son mis responsabilidades como cristiano en todas las áreas de mi vida. Ahora sé que Dios espera que yo sea un buen y diligente trabajador. Lo voy a obedecer y me voy a someter a él en el nombre de Cristo.

No siempre he sido el mejor empleado. Este pasaje (Efesios 6:5-9) me ha convencido de mi responsabilidad de ser un mejor empleado. Hoy me propongo, con la ayuda del Señor, ser el mejor empleado posible para mi jefe. También, cuando se presente la oportunidad, le voy a hablar sobre el evangelio de Jesús y cómo estas buenas nuevas cambiaron mi vida. Pero tendrá que verlo en mí antes de oír lo que quiero decirle.

Así que voy a llevar a cabo esta aplicación. Le voy a pedir a Carlos, un cristiano con el que trabajo, que me ayude a ser la clase de trabajador que Dios quiere que sea. Le voy a pedir que se reúna conmigo cada semana para que oremos para que ambos podamos tener la misma clase de testimonio. Esta puede ser mi oportunidad para empezar a trabajar con Carlos de persona a persona.

6. Personas con las que voy a compartir este estudio:

Carlos Juárez,
Francisco Hernández.
Y con las personas de mi grupo de estudio bíblico.

Formulario de síntesis de libro

Libro:	Capítulos:
1. Número de veces que lo leí:	
2. Bosquejo final detallado:	

Bosquejo (continuación):

3. Título descriptivo:

4. Resumen de lo que descubrí:

5. Aplicación personal:

6. Personas con las que voy a compartir este estudio:

12
Método de estudio bíblico de análisis versículo por versículo

Cómo estudiar un pasaje de la Biblia versículo por versículo

Como una alternativa al método de estudio bíblico de análisis de un capítulo (capítulo 10), donde aplicó los principios de observación, interpretación, correlación y aplicación de una manera sistemática, el pasaje de un análisis versículo por versículo es un método útil cuando usted no tiene tiempo para hacer un estudio en profundidad. Más que hacer un trabajo extenso sobre estudiar un libro, analizar un capítulo o sintetizar un libro, el análisis de un pasaje versículo por versículo toma cada versículo y lo examina desde cinco puntos de vista, usando el formulario especial de análisis versículo por versículo.

Las cinco cosas que debe hacer con cada versículo son:

- Escribir una paráfrasis personal de cada versículo.
- Enlistar algunas preguntas y todas las respuestas que encuentre.
- Buscar algunas referencias cruzadas del versículo.
- Escribir algunos descubrimientos que haya hecho.
- Escribir una breve aplicación personal.

Definición

El método de estudio bíblico de análisis versículo por versículo exige seleccionar un pasaje de las Escrituras y examinarlo con lujo de detalles mediante preguntas, encontrar referencias cruzadas y parafrasear cada versículo. Y luego debe tomar nota de una aplicación personal que sea posible para cada uno de los versículos que haya estudiado.

El porqué de este método de estudio bíblico

Este método se puede usar de dos modos diferentes. En primer lugar, se puede utilizar alternándolo con el método de análisis de un capítulo cuando quiera trabajar de un modo sistemático un pasaje o capítulo. Es particularmente útil cuando tenga limitaciones horarias y cuando no pueda concluir un capítulo completo de una sola leída. Con este método tiene la opción de seleccionar el número de versículos de un pasaje que quiera analizar en un momento dado. Los formularios están abiertos sin ninguna clase de límite y puede proceder en el paso que lo desee.

En segundo lugar, se puede usar en un estudio de tópico más avanzado. En este caso, el diagrama de versículo por versículo se podría usar en lugar de la tabla de comparación (que se encuentra al final de este capítulo).

Este método se puede llevar a cabo sin necesitar ninguna obra de consulta o podría enzarzarse en un acercamiento más profundo que exija un mínimo de herramientas. Para un estudio de mayor profundidad se sugieren las siguientes herramientas.

- Una Biblia de estudio.
- Una concordancia exhaustiva (para referencias cruzadas).
- Un diccionario bíblico y/o una enciclopedia bíblica.
- Una edición de estudio de palabras.

Pasos sencillos para hacer un análisis versículo por versículo

El estudio se construye en torno del diagrama de análisis versículo por versículo. Debe seguir cinco procesos sencillos para cada versículo que está estudiando. Para empezar, seleccione el pasaje que quiere analizar versículo

Primer paso:	Escriba una paráfrasis personal
Segundo paso:	Haga una lista de algunas preguntas, respuestas y observaciones
Tercer paso:	Encuentre algunas referencias cruzadas de cada versículo
Cuarto paso:	Tome nota de cualquier descubrimiento que haya hecho de cada versículo
Quinto paso:	Escriba una breve aplicación personal para cada versículo

por versículo. Trabaje el pasaje en un orden lógico, escribiendo su primer versículo en el primer espacio de la columna 1, el segundo versículo en el segundo espacio y así sucesivamente (vea el ejemplo que se encuentra al final de este capítulo).

Primer paso: Escriba una paráfrasis personal

Escriba el versículo con sus propias palabras. No use ninguna paráfrasis moderna, a menos que quiera tener una idea de cómo hacerlo. Mantenga la verdad del versículo que está parafraseando e intente condensarlo más que ampliarlo.

Segundo paso: Haga una lista de algunas preguntas, respuestas y observaciones

En la columna 3 del formulario de análisis del capítulo, que está al final de este capítulo, haga una lista de cualquier pregunta que tenga sobre el versículo, o palabras, frases, personas, tópicos y doctrinas de ese versículo. Escriba todas las respuestas que pueda encontrar a sus preguntas. Tome también nota de cualquier observación que tenga sobre ese versículo. Hágalo de la manera siguiente:

- P = Pregunta
- R = Respuesta
- O = Observaciones

Tercer paso: Encuentre algunas referencias cruzadas de cada versículo

Con el uso de las referencias cruzadas en su Biblia de estudio o de su memorización personal de las Escrituras, escriba algunas referencias cruzadas (intente un mínimo de una) de cada versículo que está estudiando. Identifique la palabra o frase del versículo en las referencias cruzadas al final de este capítulo. Use una concordancia si no tiene una Biblia con referencias cruzadas.

Cuarto paso: Tome nota de cualquier descubrimiento que haya hecho de cada versículo

Con las palabras, frases y conceptos del versículo en mente, tome nota de cualquier revelación que haya conseguido de él. Podría tratarse de más observaciones, palabras y nombres que haya buscado y definido o de cualquier otro pensamiento que le haya llegado. Deje volar su imaginación y sea tan creativo como pueda en esta quinta columna de aplicación personal que está en el formulario que se encuentra al final de este capítulo.

Quinto paso: Escriba una breve aplicación personal

Debido al número de versículos que estará estudiando, no podrá diseñar un proyecto para la aplicación de cada uno de ellos. En su lugar solo intente tomar nota de algunos pensamientos devocionales de cada versículo que le vengan a la mente. Más adelante, cuando haga un estudio bíblico devocional, puede tomar uno de esos pensamientos y trabajar sobre él. O, si un versículo en particular parece satisfacer una necesidad inmediata, siga adelante y escriba una aplicación posible, práctica, personal y medible.

Cómo llenar el formulario de análisis versículo por versículo

Va a necesitar tantos formularios, o sus propias hojas de papel en las que haya dibujado las seis columnas, como versículos tenga el capítulo que está estudiando. Cuando haya establecido el número de versículos que va a estudiar, escriba cada uno por separado, en el espacio de la columna 1, usando su traducción favorita de la Biblia. Tal vez debería perseverar en el uso de la misma traducción durante todo su estudio.

Para llenar el formulario

Después que haya seleccionado el número de versículos que va a estudiar y de haber llenado la columna 1, con las palabras de cada versículo, llene el resto de las columnas como se describe en el quinto paso citado anteriormente. Consulte la muestra del siguiente formulario para tener ideas de cómo hacerlo. Los únicos factores limitantes de este estudio son su tiempo y su creatividad.

Muestra de un formulario lleno

Vea el ejemplo de 1 Timoteo 1:1-3 que se encuentra al final de este capítulo.

Tarea

Ya que se le ha dado la muestra de 1 Timoteo, su tarea es seguir con ese libro. Después que lo haya completado y quiera cambiar de pasaje luego de haber intentado algunos otros métodos, tal vez quiera estudiar alguno de los libros más cortos del Nuevo Testamento, como 2 Timoteo, 1 Juan, Filipenses o un capítulo de algún libro (Filemón, 2 Juan, 3 Juan y Judas).

Formulario de análisis versículo por versículo

Libro o Tópico: 1 Timoteo

Versículos	Paráfrasis personal	Preguntas y respuestas	Referencias cruzadas	Perspicacias	Posibles aplicaciones personales
1:1 Pablo, apóstol de Jesucristo, de acuerdo con el mandamiento de Dios nuestro salvador y de Jesucristo, esperanza nuestra.	Pablo, uno de los enviados como representante de Jesucristo, por mandato de Dios, el único que nos salva, y de Jesucristo, nuestra esperanza.	P. ¿Qué significa la palabra «apóstol»? R. La palabra griega *apostolos* viene del verbo *apostello*, «enviar» O. A Dios el Padre, más que a Jesucristo, se lo llama Salvador.	Apóstol: 2 Co 1:1 Dios mi Salvador: Lucas 1:47 Tito 1:3 Cristo nuestra esperanza: Colosenses 1:27	1. El nombre Pablo viene del latín y significa «pequeño». 2. El nombre Timoteo significa «el que honra a Dios». 3. Pablo no necesitó decirle a Timoteo que él era un apóstol, así que quizás esta carta era un intento de que también otros la leyeran.	Debo empezar a verme a mí mismo en el papel de embajador de Cristo, como alguien autorizado y con un mensaje divino. La autoridad de mi testimonio solo será efectiva mientras sea consciente de mi misión.
1:2 A Timoteo, mi verdadero hijo en la fe: gracia, misericordia y paz de Dios el Padre y de Jesucristo nuestro Señor.	A Timoteo, mi verdadero hijo en la fe cristiana. Que tengas amor, misericordia y paz de Dios Padre y de Jesucristo, nuestro Señor y tuyo.	P. ¿El nombre Timoteo tiene un significado especial? R. Timoteo significa «el que honra a Dios». Preguntas y respuestas	Mi hijo: 2 Timoteo 1:2 Cristo Jesús: 1 Timoteo 1:15	1. Mesías, en hebreo significa «Cristo» en griego, cuyo significado en español es «ungido de Dios». 2. Jesús significa «el Señor salva». Viene de la palabra Josué.	Que mi nombre se convierta en sinónimo de una vida que honra a Dios, como la de Timoteo.

Formulario de Análisis Versículo por Versículo

Libro o Tópico: 1 Timoteo

Versículos	Paráfrasis personal	Preguntas y respuestas	Referencias cruzadas	Perspicacias	Posibles aplicaciones personales
				«¡Jehová salva!» Viene de la palabra Josué.	
1:3 Como te insistí cuando partí para Macedonia, quédate en Éfeso para que instruyas algunos hombres para que no enseñen doctrinas extrañas.	Como te insistí en mi partida para Macedonia, permanece en Éfeso para que puedas instruir a algunos hombres para que no enseñen doctrinas no cristianas.	P.: ¿Qué doctrinas no cristianas enseñaban esos hombres? R. No doctrinas de religiones falsas, sino una falsa enseñanza que aparentaba ser una doctrina cristiana inspirada. P.: ¿Cuál era el ministerio de Timoteo en Éfeso?	Falsa enseñanza: 1 Timoteo 6:3 2 Co 11:4	1. Pablo criticó a los cristianos de Corinto por su flaqueza en tratar con falsas doctrinas (2 Co 11:4). Debido a que Timoteo estuvo con Pablo en Corinto por mucho tiempo, recibió un buen entrenamiento que pudo haber necesitado en Éfeso. 2. Timoteo fue con Pablo a Éfeso y después, cuando Pablo fue prisionero de Roma, se dirigió allá otra vez. Fue cuando entonces se le animó a que se quedara.	Voy a procurar tener conocimiento de la doctrina cristiana para que pueda diferenciar entre una verdadera y una falsa enseñanza. La ciencia cristiana, los testigos de Jehová y el mormonismo, todos ellos necesitan mi atención y consideración.

Formulario de análisis versículo por versículo

Libro o tópico: 1 Timoteo

Versículos	Paráfrasis personal	Preguntas y respuestas	Referencias cruzadas	Perspicacias	Posibles aplicaciones personales

APÉNDICE
A
Cómo tener un tiempo devocional significativo

A través del libro he mencionado varias veces el tiempo devocional. Asumo que todos los que se comprometen con tener un estudio bíblico personal también tienen un devocional cotidiano. Asumir esto, sin embargo, podría no ser cierto, porque puede ser que haya alguien que realice su estudio bíblico por el solo interés intelectual que le brinda.

Este apéndice se preparó para quienes saben que deben tener un devocional, pero no están seguros de cómo hacerlo.

Al devocional se lo ha llamado de distintas maneras en la historia de la iglesia cristiana. Se lo denomina «vigía matutino», «devocional personal», «cita con Dios» y «tiempo personal devocional». En realidad no importa cómo se lo llame, sino que se lo lleve a cabo con regularidad.

El tiempo devocional es simplemente un tiempo diario de compañerismo personal con Dios a través de la Palabra y la oración. Es un tiempo que ha separado deliberadamente para tener un encuentro con él. El objetivo del devocional es que podamos crecer en nuestra relación personal con Dios, para que podamos conocerlo, amarlo y llegar a ser cada vez más como él.

Este apéndice trata con tres áreas prácticas de los temas del devocional: por qué debemos tener un devocional, cómo pasar un tiempo significativo con Dios y cómo tratar los problemas comunes que se presentan en nuestro tiempo devocional.

¿Por qué debemos tener un tiempo devocional?

Esta es, en verdad, una pregunta legítima. ¿Cuáles son algunas buenas razones para tenerlo? La Biblia nos da tres razones principales:

- Porque debemos tener compañerismo con Dios.
- Porque es un privilegio que tenemos como cristianos.
- Porque obtenemos grandes beneficios de él.

Porque debemos tener compañerismo con Dios

La primera razón de por qué debemos tener un tiempo devocional es porque debemos tener compañerismo con Dios. Porque somos cristianos ahora gozamos de una correcta relación eterna con el Dios del cielo y de la tierra, y debemos tener un compañerismo regular con él para que podamos conocerlo más y amarlo con mayor intimidad.

¿Por qué es importante el compañerismo diario con Dios?

1. *El Señor nos creó para que tengamos compañerismo con él.* Dios creó al ser humano a su imagen con el propósito de tener compañerismo. Somos las únicas criaturas de toda la creación que tenemos la capacidad de tener compañerismo con el Creador. Dios nos hizo para tener compañerismo con él y Adán lo tuvo de un modo perfecto en el jardín del edén antes de la caída (vea Génesis 2—3).

2. *Jesucristo murió en la cruz para restaurar ese compañerismo.* Cuando Adán pecó, rompió su compañerismo con Dios. Y todos nosotros, como pecadores, hemos seguido el ejemplo de Adán; no podemos, por naturaleza, tener compañerismo con Dios, que es puro y santo. Pero Dios consideró que la relación era tan importante que envió a su Hijo a este mundo para morir por nuestros pecados para que otra vez pudiéramos tener el privilegio de una relación personal con él. Y Dios nos llama, como cristianos, a tener compañerismo con él (vea 1 Corintios 1:9; 1 Juan 1:3-4).

3. *El devocional cotidiano, durante el ministerio de Jesús, fue una fuente de su fortaleza.* El compañerismo con su Padre celestial fue la más alta prioridad en la vida de Jesús (vea Marcos 1:35; Lucas 5:16; 22:39-44). Nunca estuvo demasiado ocupado como para no tenerlo; de hecho, cuando más ocupado estaba en su ministerio, fue cuando más certeza tuvo de mantener contacto diario con el Padre (vea Juan 5:30). Y si Jesús tuvo necesidad de tener este tiempo con Dios, cuánto más lo necesitamos nosotros.

4. *Cada gran hombre o mujer, a través de la historia, ha pasado mucho tiempo a solas con Dios.* Todos a los que el Señor usó poderosamente fueron hombres o mujeres de la Palabra y oración. El tiempo devocional cotidiano era una de las cosas que tenían en común. El común denominador entre Moisés, David, Daniel, Pablo, Calvino, Wesley, Finney, Moody, Spurgeon, Billy Graham y todos los grandes santos de la historia es que ellos pasaban mucho tiempo con Dios en una relación personal. Sus escritos y ministerios lo muestran con toda claridad.

Alguien dijo: «Si quiere saber cómo es un hombre en realidad, vea cómo es cuando está a solas con Dios». Martín Lutero, el padre de la Reforma, dijo una vez: «Tengo tanto que hacer hoy, que por lo menos tengo que pasar tres horas en oración». Mientras más ocupado estaba, necesitaba estar más tiempo con Dios. Si usted está demasiado ocupado como para tener su devocional, ¡entonces sí que está ocupado!

5. *No podemos tener salud y crecer como cristianos sin tener compañerismo diario con el Señor.* El devocional no es solo una agradable sugerencia, sino una necesidad vital de un hijo de Dios. Es absolutamente esencial para que el cristiano crezca y madure.

¿Ha pasado algún día sin comer? Si lo llega a vivir, terminará débil y enfermo. Lo mismo ocurre con su vida espiritual, porque la Biblia es el alimento necesario para su alma. Si llegase a pasar mucho tiempo sin leerla, va a sentirse espiritualmente débil y enfermo, aunque existen muchos cristianos que se la pasan con una «comida» a la semana (algunos tal vez dos), en la iglesia los domingos. Pero así como usted no podría sobrevivir mucho tiempo con una o dos comidas físicas a la semana, ¿cómo podrá hacerlo sin una rica vida espiritual?

Job consideraba más necesaria la Palabra de Dios que su alimento físico diario (Job 23:12). Jesús llegó a citar el Antiguo Testamento para declarar que el hombre, para vivir, necesitaba de toda palabra que sale de la boca de Dios (Mateo 4:4; vea Deuteronomio 8:3). Pedro llamó a las Escrituras leche nutritiva (1 Pedro 2:2) y el escritor a los Hebreos opinaba que la Palabra era un alimento sólido (Hebreos 5:14).

¿Ha pasado algún tiempo sin bañarse? Si así es, entonces le consta cómo se siente de pegajoso y qué penetrantes se hacen sus olores. La Biblia dice que cuando leemos la Palabra de Dios, nos aseamos. El tiempo devocional es un baño espiritual. Muchos cristianos, que se bañan con regularidad porque no quieren ofender a sus amigos, ¡no se dan cuenta de que pueden estar ofendiendo al Señor con sus olores espirituales! (Vea Salmo 119:9; Efesios 5:26; Juan 15:3.)

De las cinco observaciones anteriores podemos concluir que si usted no tiene un devocional cotidiano...

- Se pierde de disfrutar el privilegio para el cual el Señor lo creó.
- Rechaza el propósito de la muerte de Jesús, que la hizo posible.
- Nunca experimentará el mismo poder y renovación de lo que hizo Jesús.
- Nunca Dios lo usará con grandeza.
- Se quedará como un cristiano débil y enfermo toda su vida.

«¡Pero es que no tengo tiempo!» es un excusa que oímos muy a menudo. Todas las personas que viven en este planeta tienen exactamente la misma cantidad de tiempo cada semana: 168 horas. Y usted le dedicará algunas horas a cosas que cree que son importantes. Si no tiene tiempo para todas las cosas, entonces debe apartar tiempo para las cosas que en verdad le importan. No es asunto de tiempo, sino de prioridades. ¿Qué es lo verdaderamente importante para usted?

La clave de apartar tiempo para el devocional es su compromiso con Cristo y el reino de Dios. Jesús declaró: «Busquen el reino de Dios y su justicia y recibirán todas estas cosas por añadidura» (Mateo 6:33). Ponga a Dios como prioridad en su vida y va a tener más tiempo. No permita que haya algo que le robe su compañerismo con el Señor. Persevere en él cueste lo que costare. Si Jesús tiene la prioridad en su vida, entonces debe darle la primera parte de cada día. Su devocional debe ser la prioridad absoluta, debe ser el compromiso número uno en su vida.

Porque es un privilegio que tenemos como cristianos

Debemos tener un devocional cada día porque es un inmenso privilegio que se nos concedió, una entrevista personal y tiempo de compañerismo con el Creador del universo. El devocional nos da cuatro grandes privilegios:

- Le rendimos veneración a Dios.
- Obtenemos dirección de parte de Dios.
- Obtenemos más deleite en Dios.
- Crecemos en parecernos más a Dios.

¿Qué sucede cuando tenemos nuestro devocional?

1. *Le rendimos veneración a Dios.* El primer privilegio del devocional es dar, no obtener. Uno de los salmistas dijo: «Den al Señor la gloria debida a su nombre, adórenlo en el esplendor de su santidad» (Salmo 29:2). Otro de los salmistas animaba: «Vengan, adoremos de rodillas; arrodillémonos delante del Señor, pues él nos hizo» (Salmo 95:6, DHH).

En años recientes dos énfasis equivocados han penetrado en las iglesias de los Estados Unidos. El primero es la acentuación enfática en obtener: ¿Qué obtendré de la iglesia, de la Escuela Dominical o de hacer lo que Dios dice? Eso es el resultado de la cultura del entretenimiento, en lo que la gente se entretiene para estar satisfecha. Cuando se mete en temas espirituales se convierte en una religión egoísta y definitivamente no bíblica. Esa es la razón de que en la actualidad muchos hablen de seguir a Jesús, pero que poco digan del costo del discipulado. Ofrecemos premios para conseguir que los cristianos vayan a la iglesia cuando deberían ir porque aman a su Salvador.

El otro error es el acentuado hincapié en trabajar para Dios en descuido de la adoración a Dios. Satanás, el dios de este mundo, nos ha vendido billetes de dioses y ha logrado que sustituyamos la adoración por el trabajo. La mayoría de nosotros hace mucho en ir y venir, incluso en hacer cosas buenas como cristianos, pero en realidad no sabemos el verdadero significado de la adoración. Jesús dijo: «Adora al Señor tu Dios y sírvelo solo a él» (Mateo 4.10; vea Deuteronomio 6:13). La adoración antecede al servicio.

Debemos darle reverencia a Dios porque Dios se merece nuestra devoción. Cuando Juan vio que en el cielo las multitudes cantaban alabanzas a Dios, escuchó decirles: «Tú eres digno, Señor y Dios nuestro, de recibir la gloria» (Apocalipsis 4:11; vea 5:12). Porque Dios es nuestro Creador y Redentor, él se merece que lo adoremos y alabemos. Debemos tener nuestro devocional diario por amor a Dios, nunca por un sentido del deber. «¡Dios, vengo a adorarte porque tú te mereces que te adore y te ame!»

También debemos darle reverencia diaria a Dios porque él desea nuestra devoción. Jesús le dijo a la mujer en el pozo: «Pero la hora viene, y ahora es cuando los verdaderos adoradores adorarán el Padre en espíritu y en verdad; porque también el Padre tales adoradores busca que le adoren» (Juan 4:23). ¡Dios busca nuestra adoración!

Un versículo que a menudo se usa para evangelizar, y es correcto por medio de la analogía, en realidad se escribió, en su contexto, para una Iglesia cristiana tibia. Lo que Jesús está diciendo es «¡Heme aquí! Yo estoy a la puerta y toco. Si alguno oye mi voz y abre la puerta, entraré en él y comeré con él y él conmigo» (Apocalipsis 3:20). ¡El Salvador desea tener compañerismo con nosotros! Él permanece fuera de las puertas de nuestras vidas, y quiere y anhela tener compañerismo con nosotros, para recibir nuestra adoración. Él es como el padre humano ideal que quiere pasar tiempo con sus hijos.

¿Cuánto tiempo ha pasado, cristiano, desde que dedicó tiempo para estar a solas con Dios nada más que para decirle que lo ama?

2. *Obtenemos dirección de parte de Dios.* El segundo privilegio de tener un devocional es que obtenemos dirección de parte de Dios para nuestro diario vivir. Esta fue la actitud de David durante su vida: «Muéstrame oh Señor, tus caminos; enséñame tus sendas, guíame en tu verdad y enséñame, porque tú eres el Dios de mi salvación, en ti he esperado todo el día» (Salmo 24:4-5; vea también Salmos 40:8; 73:24; 143:10; Isaías 42:16). El tiempo devocional es una gran oportunidad para recibir consejo de parte del Señor.

En esta era en la que todos andamos de prisa, necesitamos un momento para poder detenernos, reunir nuestros pensamientos, evaluar lo que pasa a nuestro alrededor y conseguir dirección del único que conoce el fin desde el principio. Una vez Pascal dijo: «Todos los problemas del hombre surgen de su incapacidad para permanecer sentado». En varias ocasiones Jesús invitó a sus discípulos a «venir aparte», con él, para pasar un tiempo para que pudieran recuperarse física y espiritualmente. Vance Havner ha dicho: «Si no te apartas periódicamente, ¡literalmente te apartarás!» También es interesante destacar que en los Evangelios a menudo Jesús les explicó sus enseñanzas a los discípulos cuando ellos estaban a solas con él (vea Marcos 4:34).

Cuando conseguimos dirección de parte de Dios en nuestros devocionales, lo primero que hace en nosotros es que consideremos nuestros caminos. Debemos darnos tiempo para evaluar nuestras vidas. Eso es lo que hizo David: «Examíname oh Dios, reconoce mi corazón; ponme a prueba y reconoce mis pensamientos. Mira si voy por el camino del mal, y guíame por el camino eterno» (Salmo 139:23-24; vea también Proverbios 4:26; 14:12). ¿Se mantiene usted en el sendero del Señor? ¿Está creciendo cada día en su vida espiritual? ¿Ha permitido que algunos pecados se le amontonen? Hágase estas y otras preguntas semejantes e intente ver su vida desde el punto de vista de Dios. Esto lo ayudará a mantener la perspectiva de Dios sobre las cosas, porque si bien muchas veces se ha puesto al día en tantos detalles necesarios de la vida, no obstante puede ser que haya perdido de vista el cuadro global.

También el devocional es un tiempo para consagrar nuestro día al Señor. Salomón exhortaba: «Confía de todo corazón en el Señor, y no en tu propia inteligencia; ten presente al Señor en todo lo que hagas y él te llevará por el camino recto» (Proverbios 3:5-6; vea también Salmos 37:5). Pídale a Dios que le muestre su voluntad para cada día; comprométase con él y pídale que lo guíe en las actividades que tendrá. Incluso puede solicitarle que lo ayude a programar su tiempo para que pueda lograr más (vea Salmo 90:12). Pídale que lo ayude a separar lo necesario de lo innecesario (vea 1 Corintios 10:23).

A menos que esté en contacto con el Señor todos los días, no podrá ver los problemas y las oportunidades de su vida en su perspectiva correcta. Solo a través de su cita diaria podrá él guiar su vida con mayor efectividad. Una se las peticiones más importantes que le puede hacer mientras le dedica su día, es pedirle que lo prepare y dirija hacia alguien a quien le pueda testificar ese día. Permítale a Dios que él escoja sus oportunidades de testificar.

3. *Ganamos en deleitarnos en Dios*. El tercer privilegio del devocional es disfrutar a Dios y simplemente gozar del calor de su presencia. David le dijo

a Dios: «Me mostrarás el camino de la vida; hay gran alegría en tu presencia; hay dicha eterna junto a ti» (Salmo 16:11). El secreto del verdadero gozo es conocer a Dios personalmente (vea Salmos 34:8; 37:4; 42:1-2; 63:1; 73:25; Filipenses 3:10). Muchos cristianos viven vidas miserables y no son felices porque nunca pasan tiempo en la presencia de Dios.

¿Conoce en verdad a Cristo o simplemente sabe acerca de él? Conocerlo de una manera íntima era la prioridad número uno en la vida del apóstol Pablo (vea Filipenses 3:7-10). ¿Y cuál es la suya?

Para poder conocer a alguien íntimamente y disfrutar de su persona, usted tiene que...

- Invertir tiempo de calidad con ella.
- Tener comunicación significativa con ella.
- Observarla en diferentes situaciones.

El mismo criterio aplica también para poder conocer y disfrutar de la persona de Dios. Recuerde que no se puede tener una relación amorosa con una multitud; para ello tiene que estar a solas con una persona. De eso habla la Biblia cuando dice que nuestra relación con Dios se da por medio de Cristo como una relación de amor. De hecho, se le llama matrimonio; él es el novio y nosotros, la Iglesia, su novia.

Cuando tuve mi primera cita con Kay, mi esposa, y Dios entretejió nuestros corazones con amor, lo que yo más quería era pasar el tiempo a solas con ella. Estábamos uno con el otro, nos comunicábamos y nos observábamos en diferentes situaciones. De la misma manera debe ser su relación con Dios.

¿Está ansioso de estar a solas y compartir su intimidad con Jesús? Pues si no lo está, debería estarlo. Logre que el objetivo de su cita con Jesús en su devocional no sea solo aprender de él, sino un verdadero encuentro con él. Espere su cita cada mañana, ¡porque el Señor está esperando encontrarse con usted!

A veces nos encontramos tan ocupados trabajando para Dios o en nuestros propios asuntos que simplemente nos olvidamos de amarlo. Una vez Dios habló por medio de su profeta: «¿Puede una doncella olvidarse de su joyería o una novia de sus adornos? Sin embargo, hace mucho tiempo que mi pueblo se olvidó de mí» (Jeremías 2:32). En particular olvidamos a Dios cuando dejamos de leer la carta de amor que nos escribió, la Biblia.

Hace tiempo me pasé un verano predicando en una misión en Japón, antes de que mi esposa y yo nos casáramos. Mientras estuve allí, todos los días recibí una carta de ella. ¿Cómo cree que se hubiera sentido Kay si a mi regreso le hubiese dicho: «Muchas gracias por enviarme las cartas. De verdad aprecié haberlas recibido. Pero desafortunadamente no tuve tiempo para leer ninguna de ellas»? Seguramente eso hubiera tensado nuestras relaciones.

La mejor manera de poder conocer al Señor es pasar tiempo a solas con él, y que usted le cuente sus pensamientos en oración y leer una y otra vez la carta de amor que él le escribió.

4. *Crecemos en nuestra semejanza con Dios*. El cuarto privilegio de nuestro devocional es la oportunidad de crecer en nuestra vida espiritual para llegar a ser cada vez más y más como Jesucristo. Cuando Dios creó a la raza humana, «creó al hombre a su propia imagen, a imagen de Dios los creó» (Génesis 1:27). Su propósito para el hombre era que este pudiese llegar a ser como Dios, «a su semejanza» (Génesis 1:26). Pero en lugar de eso, el hombre escogió ser como el maligno (Génesis 3). Por eso en la redención Dios regresó a su propósito original. Él quería, otra vez, que su pueblo fuese como él, como Jesucristo. «Porque a los que antes conoció, también los predestinó para que fuesen hechos conformes a la imagen de su Hijo, para que él sea el primogénito entre muchos hermanos» (Romanos 8:29).

¿De qué manera llegamos a ser cada día más como Jesús? En primer lugar, por medio de la Palabra, somos santos —como Dios—. Jesús, en su ministerio de Sumo Sacerdote, le pidió al Padre en oración: «Santifícalos [a todos los creyentes] en tu verdad; tu palabra es verdad» (Juan 17:17). Crecemos en santidad a medida que pasamos tiempo en las Escrituras, conociendo a Dios de una manera más íntima.

En segundo lugar, el crecimiento diario resulta de edificarnos en la Palabra. «Toda la escritura es inspirada por Dios y es útil para enseñar, para redargüir, para corregir y para instruir en justicia, a fin de que el hombre de Dios esté enteramente preparado para toda buena obra» (2 Timoteo 3.16:17). Tal como se nos enseñó en los caminos de Dios, se nos reprendió cuando nos apartamos del camino, se nos corrigió para que regresáramos a la senda correcta, y se nos capacitó para vivir una vida justa para crecer bajo la crianza y amonestación del Señor.

Tercero, crecemos cuando nos transformamos mentalmente al dejar las formas de pensamiento de este mundo y adquirimos los pensamientos de Dios delante de él. Pablo escribió: «No se conformen a este siglo, sino transfórmense por medio de la renovación de su entendimiento, para que comprueben cuál es la voluntad de Dios, agradable y perfecta» (Romanos 12:2). E insisto una vez más, esto solo lo pueden realizar las Escrituras, que es la revelación de Dios de su perfecta voluntad para nosotros.

En cuarto lugar, por medio de las promesas de la Palabra llegamos a ser más como Dios. Pedro escribió: «Como todas las cosas que pertenecen a la vida y a la piedad nos han sido dadas por su divino poder, mediante el conocimiento de aquel que nos llamó por su gloria y excelencia, por medio de las cuales nos ha dado preciosas y grandísimas promesas, para que por ellas llegasen a ser participantes de la naturaleza divina, habiendo huido de la corrupción que hay en el mundo a causa de la concupiscencia» (2 Pedro 1:3-4). Solo podemos conocerlo y apropiarnos de sus promesas por medio de la Palabra.

En quinto lugar, crecemos con la ayuda que nos dan nuestros líderes, que nos enseñan la Palabra. Pablo dijo que Dios nos dio a los líderes como un don «para preparar al pueblo de Dios para un trabajo de servicio, para la edificación del cuerpo de Cristo hasta que todos lleguemos a estar unidos por la fe y el conocimiento del Hijo de Dios, y alcancemos la edad adulta, que corresponde a la plena madurez de Cristo» (Efesios 4:12-13).

Por último, llegamos a ser más como Jesús según el tiempo que pasemos contemplándolo. Pablo escribió: «Por eso, todos nosotros, ya sin el velo que nos cubría la cara, somos como un espejo que revela la gloria del Señor, y vamos transformándonos en su imagen misma, porque cada vez tenemos más de su gloria, y esto por la acción del Señor, que es el Espíritu» (2 Corintios 3:18). El cambio es gradual; mientras sigamos contemplando a Jesucristo en su Palabra, crecemos para ser cada vez más y más como él. No es un vistazo de cinco segundos sobre Jesús lo que nos cambia, sino una contemplación constante de él por un largo período.

Mientras más tiempo pasamos con una persona, más nos parecemos a ella. ¿Ha visto alguna vez a una pareja felizmente casada durante 50 años? ¡Se parecen mucho! Les gustan las mismas cosas, comen lo mismo y a veces incluso tienen la misma manera de ver. El objetivo último de nuestro devocional es crecer para ser tal como Jesucristo.

Porque obtenemos grandes beneficios de él

La última razón por la cual debemos tener nuestro devocional diario es porque nos da grandes beneficios en nuestras vidas. Dios les ha prometido muchas cosas a los que apartan tiempo para conocerlo a través de su Palabra. ¿Cuáles son los resultados de tener un devocional diario?

- *Gozo* (Salmos 16:11; 119:47, 97, 162; Jeremías 15:16). Los cristianos más gozosos son los que tienen un encuentro diario con Dios.

217

- *Fortaleza* (Isaías 40:29-31). Mientras tengamos una cita diaria con el Señor, estaremos recargando nuestras «baterías» espirituales y tendremos la perspectiva del águila, para ver las cosas tal y como son.
- *Paz* (Salmo 119:65; Isaías 26:3; 48:18; Romanos 8:6). Logramos tener paz en el corazón solo cuando tenemos la certeza de que Dios tiene el control de todas las cosas. Y esta viene solo a través de su Palabra.
- *Estabilidad* (Salmo 16:8-9; 46:1-3; 55:22; 57:7). Cuanto más tiempo nos dediquemos a leer la Biblia con regularidad, oremos y adoremos, más se estabiliza nuestra vida; el devocional elimina el tipo de vida de «patinador espiritual de la costa».
- *Éxito* (Josué 1:8). La única promesa de éxito en la Biblia tiene como condición la meditación diaria de la Palabra de Dios.
- *Oración contestada* (Juan 15:7). Mientras permanezcamos en Cristo, pasando tiempo de calidad a diario con él, podemos reclamar sus promesas y tener la seguridad de que contestará nuestras oraciones.
- *Los demás notarán la diferencia en nuestras vidas* (Hechos 4:13). La gente sabrá que hemos estado con Jesús; eso se va a poner de manifiesto en nuestras vidas. Y estar con Jesús es lo que nos va a dar confianza y valor para que testifiquemos de él a quienes no lo conocen.

Cómo tener un tiempo significativo con Dios

Si estamos convencidos de que el devocional es necesario para nuestra vida, ¿entonces qué haremos para tenerlo? Muchos sentimos motivación para hacerlo, pero no todos tienen idea de cómo lograrlo. Debemos considerar cuatro elementos necesarios para tener un buen devocional:

- Empezar con la actitud correcta.
- Apartar un tiempo especial.
- Escoger un lugar especial.
- Seguir un plan sencillo.

Empezar con la actitud correcta

Ante los ojos de Dios, la razón de lo que usted hace es mucho más importante que lo que hace. En una ocasión Dios le dijo a Samuel: «El Señor no mira lo que mira el hombre. Porque el hombre mira las apariencias, pero el Señor mira el corazón» (1 Samuel 16:7). Es posible hacer lo que es correcto, pero con una actitud equivocada. Este fue el problema de Amasías, porque «hizo lo que era correcto ante el Señor, pero no lo hizo de todo corazón» (2 Crónicas 25:2).

Cuanto tenga su cita con Dios en su devocional, debe tener una actitud correcta.

1. *Expectativa*. Venga ante Dios con anticipación y avidez. Espere tener un buen tiempo de compañerismo con él y recibir una bendición de los momentos en los que van a estar juntos. Esto era lo que David esperaba: «Dios, Dios mío eres tú, de madrugada te buscaré; mi alma tiene sed de ti, mi carne te anhela» (Salmo 63:1; vea Salmo 42:1).

2. *Reverencia*. No corra ante la presencia de Dios; más bien prepare su corazón para permanecer tranquilo delante de él y permita que la quietud disipe los pensamientos del mundo. Escuche lo que dice el profeta Habacuc: «El Señor está en su santo templo, calle delante de él toda la tierra» (Habacuc 2:20; vea Salmo 89:7). Ir a la presencia de Dios no es lo mismo que ir a un juego de fútbol o a algún otro tipo de entretenimiento.

3. *Vigilancia*. Abra los ojos, primero despierte. Recuerde que se encuentra con el Creador, el Hacedor de los cielos y la tierra, el Redentor de los hombres. Esté completamente descansado y atento. La mejor preparación para un devocional matutino empieza la noche anterior. Acuéstese temprano para que esté en buena forma para encontrarse con Dios por la mañana, porque él se merece toda su atención.

4. *Dispóngase a obedecer*. Esta actitud es crucial: usted no asiste a su devocional para escoger lo que querrá o no hacer, sino con el propósito de hacer ni más ni menos que lo que Dios quiere que haga. Jesús dijo: «Si alguno quiere hacer la voluntad de Dios sabrá si mi enseñanza viene de Dios o si hablo por mi propia cuenta» (Juan 7:17). Así que reúnase con el Señor habiendo escogido hacer su voluntad, sin importar cuál sea esta.

Apartar un tiempo especial

El tiempo especial tiene que ver con cuándo debe tener su devocional y cuánto tiempo debe durar. Esta es la regla general: el mejor tiempo es cuando usted está en su mejor momento. Entréguele a Dios la mejor parte de su día, cuando está más relajado y más alerta. No intente servir a Dios con lo que le sobra (tiempo sobrante). Recuerde que su mejor momento no tiene por qué ser igual al de otras personas.

Para la mayoría de nosotros, sin embargo, la mañana parece ser la ocasión elegida. Al parecer esa fue la misma práctica de Jesús, que se levantaba temprano para orar y reunirse con el Padre. «En la madrugada, cuando todavía estaba oscuro, Jesús se levantó, salió de la casa y fue a un lugar solitario para orar» (Marcos 1:35)

En la Biblia muchos hombres y mujeres piadosos se levantaban temprano para reunirse con Dios. Estos son algunos de ellos:

- Abraham: Génesis 19:27
- Job: Job 1:5
- Jacob: Génesis 28:18
- Moisés: Éxodo 34:4
- Ana y Elcana: 1 Samuel 1:19
- David: Salmos 5:3; 57:7-8

Vea también Salmos 90:14: 119:147; 143:8; Isaías 26:9; Ezequiel 12:8.

En toda la historia de la Iglesia, muchos cristianos a los que Dios usó se reunían con él, temprano por la mañana. Hudson Taylor dijo: «Usted no afina los instrumentos después de haber terminado el concierto. Eso es tonto. Lo lógico es afinarlos antes de que empiece».

El Gran Avivamiento entre los estudiantes universitarios de Inglaterra, a finales del siglo XIX, empezó con estas históricas palabras: «¡Recuerden la vigía matutina!» Así que debemos afinarnos al empezar cada día y recordar la vigía matutina.

Si en verdad Jesús ocupa el primer lugar en nuestras vidas, debemos darle la primera parte del día. Antes que nada, es preciso buscar su reino en primer lugar (vea Mateo 6:33). Los doctores dicen que la comida más importante del día es el desayuno. A menudo determina nuestros niveles de energía, nuestro estado de alerta, incluso nuestros cambios de humor diarios. De igual manera necesitamos un «desayuno espiritual» para comenzar bien nuestro día.

Por último, por las mañanas nuestras mentes no tienen el revoltijo de las actividades de la jornada. Nuestros pensamientos están frescos, descansados, las tensiones aún no llegan a nosotros y por lo general es el tiempo de mayor quietud. Una mamá pone su reloj despertador a las 4 de la mañana, celebra su devocional, se vuelve a acostar y luego se levanta cuando el resto de la familia lo hace. Ella lo explica diciendo que con niños alrededor todo el día, la madrugada es el único momento en que todo está en silencio y puede estar a solas con Dios. A ella le funciona; usted tiene que seleccionar un tiempo que también le funcione.

Incluso puede considerar tener dos devocionales (mañana y noche). Dawson Trotman, el fundador de Los Navegantes, acostumbraba tener cartas codificadas para su devocional nocturno: S.P.U.P. Dondequiera que estuviera, ya fuese con un grupo de personas, en la noche, o con su esposa en casa, y la conversación parecía haber terminado, decía: «Muy bien, S.P.U.P.», y enseguida citaba un pasaje de las Escrituras sin ningún otro comentario y todos se iban a dormir. El significado de S.P.U.P. era: «Su Palabra es la Última Palabra», y lo practicó a través de los años como una manera de dejar fijo el pensamiento en el Señor al terminar el día.

Stephen Olford, un gran cristiano y ministro en Nueva York durante muchos años, dijo: «Quiero escuchar la voz de Dios antes que ninguna otra en la mañana, y es la suya la última que quiero oír en la noche».

David y Daniel incluso se encontraban con el Señor tres veces al día (vea Salmo 55:17; Daniel 6:10).

Cualquiera sea el tiempo que usted establezca, sea perseverante. Prográmelo en su calendario, haga una cita con Dios como la haría con cualquier otra persona. ¡Haga una cita con Jesús! Luego espérelo y no lo deje plantado. Así como no nos agrada hacer una cita y que nos dejen esperando, a Jesús tampoco le gusta. Así que prométase un encuentro con él y cúmplalo cueste lo que costare.

La pregunta que se plantea con más frecuencia es: «¿Cuánto tiempo debo pasar con el Señor por la mañana? Este es un asunto que deben decidir el Señor y usted. Si nunca antes ha sido consistente en tener un devocional, podría empezar con siete minutos (Robert D. Foster, *Siete minutos con Dios*, NavPress) y dejar que crezcan de un modo natural. Póngase como meta no pasar menos de 15 minutos por día con el Señor. Comparados con las 168 horas que todos tenemos a la semana, 1 hora y 45 minutos son desproporcionadamente mínimas cuando considera que Dios lo creo para tener compañerismo con él. A continuación le damos algunas pautas adicionales:

- *No intente tener un devocional de dos o cuatro horas al inicio*. Todo lo que conseguirá será desanimarse. Debe crecer en esta relación igual que en cualquier otra. Así que empiece a ser constante con siete minutos y deje que crezca; es mejor ser consistente con un tiempo corto que tener una cita de una hora cada dos semanas.
- *No esté pendiente del reloj*. Estar pendiente del reloj puede arruinar su devocional más rápido que ninguna otra cosa. Decida qué

puede hacer con la Palabra y la oración en el tiempo que escogió y llévelo a cabo. A veces le va a llevar más tiempo del que estableció y otras veces le llevará menos. Pero no esté pendiente de su reloj.

- *Destaque la calidad, no la cantidad.* No hay nada grandiosamente espiritual en tener un devocional de 2 horas. Lo importante es qué puede hacer en ese tiempo, ya sean 15 minutos o 2 horas. Propóngase como meta tener una relación de calidad con el Señor.

Escoja un lugar especial

El lugar, dónde vamos a tener nuestro devocional, también es importante. La Biblia enseña que Abraham tenía un lugar donde se encontraba regularmente con Dios (Génesis 19:27). Jesús acostumbraba orar en el jardín de Getsemaní en el Monte de los Olivos. «Jesús salió y, según su costumbre, se fue el Monte de los Olivos y sus discípulos lo siguieron» (Lucas 22:39).

Su lugar debe ser *un lugar solitario*. Un lugar en el que puede estar a solas, donde haya quietud, y donde sepa que no lo molestarán ni lo interrumpirán. Puede ocurrir que en nuestro actual ruidoso mundo occidental esto parezca ingenuo, pero es necesario. Debe ser un lugar...

- donde pueda orar en voz alta sin molestar a otros,
- con buena luz para poder leer (quizá un escritorio),
- donde se sienta cómodo. PELIGRO: no tenga su devocional en la cama. ¡Allí es demasiado cómodo!

Su lugar debe ser *un lugar especial*. Donde decida tener su cita con el Señor, haga que ese sea un lugar especial para él y para usted. A medida que pasen los días, ese sitio cobrará mucho significado a causa del maravilloso tiempo que habrá estado allí con Jesucristo.

Su lugar debe ser *un lugar sagrado*. En él es donde se encontrará con el Dios viviente. Donde usted se encuentre con el Señor puede ser tan santo como el lugar donde Abraham se encontraba con Dios. No tiene que ser en el edificio de la iglesia. La gente ha tenido su devocional en sus autos, estacionados en algún lugar tranquilo, en un clóset vacío de su casa, en sus patios traseros, incluso en algún vestidor de béisbol. Cada uno de estos lugares ha llegado a ser sagrado para ellos.

Seguir un plan sencillo

Alguien ha dicho: «Si no le apuntas a nada, ¡seguro que le darás!» Para tener un devocional significativo tiene que hacer un plan o alguna clase de bosquejo general a seguir. La regla principal es esta: mantenga un plan sencillo. No dé marcha atrás en su cita con Cristo. Bob Foster, en su obra *Siete minutos con Dios*, sugiere un plan sencillo para principiantes.

El siguiente plan de seis puntos es funcional para un devocional de cualquier duración. Es conveniente seguir los tres puntos que están a continuación para su tiempo devocional planeado:

- *Una Biblia*, que sea una traducción contemporánea (no una paráfrasis) con una buena impresión, de preferencia sin notas.
- Un cuaderno, para escribir lo que el Señor le muestre y para llevar una lista de oración. Lo ideal sería llevar la obra de Billie Hanks, *Mi cuaderno espiritual*, disponible en la Asociación Internacional de Evangelismo.
- *Un himnario*; en algunas ocasiones va a querer cantar en su tiempo de alabanza (vea Colosenses 3:16).

El plan sugerido puede recordarse mediante las siguientes palabras, que empiezan con la misma letra: relájese, requiera, relea, refleje y recuerde, registre y requiera.

1. *Espere en Dios (relájese)*. Quédese quieto por un minuto; no llegue corriendo ante la presencia de Dios, ni empiece a hablar de inmediato. Siga la amonestación de Dios: «Estad quietos y reconoced que yo soy Dios» (Salmo 46:10; vea también Isaías 30:15; 40:31). Permanezca quieto por un breve tiempo mientras asume una actitud reverente.

2. *Ore brevemente (requiera)*. Este no es su tiempo de oración, sino una breve oración de apertura para pedirle a Dios que limpie su corazón y lo guíe a estar un tiempo juntos. Dos buenos pasajes de las Escrituras para memorizar son:

- «Oh Dios, examíname, reconoce mi corazón; ponme a prueba, reconoce mis pensamientos. Mira si voy por el camino del mal, y guíame por el camino eterno» (Salmo 139:23-24; vea 1 Juan 1:9).
- «Abre mis ojos para que pueda ver las maravillas de tu ley [la Palabra]» (Salmos 119:18; vea Juan 16:13).

Es preciso estar en sintonía con el Autor del Libro para poder comprender el Libro.

3. *Lea una sección de las Escrituras (relea)*. Aquí es donde empieza su conversación con Dios. Él le habla a través de su Palabra y usted le habla a él en la oración. Lea su Biblia…

- *Lentamente*. No se apresure; no intente leer pasajes demasiado extensos; no corra a través del texto.
- *Repetidamente*. Lea el pasaje una y otra vez hasta que empiece a formarse un cuadro mental de él. La razón por la cual la gente no obtiene más de su lectura bíblica se debe a que no releen las Escrituras.
- *Sin detenerse*. No se detenga en medio de una oración para salirse por la tangente y hacer un estudio doctrinal. Lea esa sección por el puro gozo de leerla y permita que Dios le hable. Recuerde que su meta aquí no es obtener información, sino alimentarse de la Palabra y poder conocer mejor a Cristo.
- *En voz alta pero apacible*. Leer en voz alta lo ayudará a mejorar su concentración si acaso tuviese ese problema. También lo ayudará a comprender mejor lo que está leyendo porque estará viendo y oyendo lo que lee. Sin embargo, lea de forma suave, de tal manera que no moleste a nadie.
- *Sistemáticamente*. Lea todo un libro de una vez, con un método ordenado. No lea con el método de «la zambullida aleatoria», un pasaje aquí, un capítulo allá, aquí lo que le gusta, una porción interesante por allá. Entenderá mejor la Biblia si la lee de corrido, como la escribieron: como un libro o como una carta.
- *Consiga una visión amplia de un libro*. Tal vez llegue a querer estudiar todo un libro. En ese caso deberá leerlo rápidamente para conseguir de un barrido la revelación total. Luego ya no tendrá que leerlo suave o repetidamente.

4. *Medite y memorice (refleje y recuerde)*. Para que las Escrituras le hablen de un modo significativo, debe meditar lo que lee y memorizar los versículos que en lo particular le hayan hablado. La meditación es «contemplar con seriedad un pensamiento una y otra vez en su mente» (vea el capítulo 1 para una breve discusión al respecto). Además de su meditación seleccione y memorice un versículo que tenga un significado particular para usted.

5. *Escriba lo que Dios le ha mostrado (registre)*. Cuando Dios le hable a través de su Palabra, registre lo que ha descubierto. Ponerlo por escrito lo ayudará a recordar lo que Dios le ha revelado y a revisar sus descubrimientos

bíblicos. Registrar lo que Dios le ha mostrado es una manera de aplicar lo que ve en las Escrituras en relación con su vida (vea el método de estudio bíblico devocional en el capítulo 1).

6. *Tenga su tiempo de oración (requerir).* Después que Dios le haya hablado a través de su Palabra, hable con él en oración. Esta es la parte que le corresponde en la conversación con el Señor. Para ayudarlo a recordar las partes de la oración, piense en el acróstico O-R-A-R.

O: *Oración de alabanza al Señor.* Empiece su tiempo de oración alabando a Dios por lo que él es y por lo que ha hecho. Lo primero es adoración, lo último acción de gracias. La adoración es el verdadero culto; significa darle a Dios el reconocimiento que solo él se merece. Así que alabe a Dios por su grandeza, su poder, majestad, fortaleza y por sus demás atributos. En las Escrituras se pueden encontrar ejemplos de pura alabanza en Salmo 145 y en Apocalipsis 4—5. Usted puede adorarlo de esta manera leyendo los Salmos (en especial 146—150), leyendo los grandes himnos de adoración y/o tomando en cuenta los nombres de Dios (vea 1 Crónicas 16:25-29; Salmos 50:23; 67:3; Hebreos 13:5). David nos dio un hermoso ejemplo de una oración de adoración:

> Bendito seas, oh Señor,
> Dios de nuestro padre Israel,
> por los siglos de los siglos.
> Tuya es, oh Señor, la grandeza y el poder,
> la Gloria y la majestad y el esplendor,
> todo lo que hay en el cielo y en la tierra te pertenece.
> Tuyo es también el reino,
> pues tú, Señor, eres superior a todos.
> De ti vienen las riquezas y la honra.
> Tú lo gobiernas todo.
> La fuerza y el poder están en tu mano,
> y en tu mano está también
> el dar grandeza y poder a todos.
> Por eso, Dios nuestro, te damos ahora gracias
> y alabamos tu glorioso nombre. (1 Crónicas 29:10-13).

También alabamos al Señor por lo que él ha hecho por nosotros, específicamente por la salvación y la provisión diaria. Eso se hace al practicar la oración de acción de gracias. Cuando tenga su devocional piense en por lo menos 20 cosas que le puede agradecer a Dios ese día (lea Salmos 100.4; Filipenses 4.5; 1 Tesalonicenses 5.18).

R. *Reconozca sus pecados*. Esta es la oración de *confesión*. Después de haber visto a Dios en su santidad (vea Isaías 6.5), reconocemos nuestra propia pecaminosidad. No se limite a decirle a Dios los pecados que ha cometido, también pídale que lo ayude a volver de ellos. Esto es el arrepentimiento. Dios ya conoce sus pecados; él solo quiere que los admita y se vuelva de ellos, que regrese a él. Lea Salmos 32; 51; Proverbios 28:9,13; 1 Juan 1:9).

A. *Alce la voz por usted y por otros*. Hay oraciones de petición y de intercesión. Empiece con sus pedidos personales (petición). A través de la Biblia Dios nos anima a pedirle cosas para nosotros en oración. Puede tratarse de necesidades físicas, como alimento, ropa y casa; necesidades espirituales; o por ayuda cuando los problemas difíciles en la vida nos agobian. Dios nos ama y quiere bendecirnos y darnos lo que necesitamos (vea Mateo 7:7-9; Marcos 11:22-24; Juan 14:13-14; Hebreos 4:16). No debemos orar solo por nuestras necesidades, puesto que a Dios también le agrada contestar nuestros deseos que están de acuerdo con su voluntad (vea Salmos 37:4; 84:11; 145:19; Filipenses 4:6).

Es importante que sea específico en sus oraciones, y una de las maneras de hacerlo con efectividad es preparar una lista de oración. Simplemente tome una hoja de papel, divídala en cuatro columnas y llénelas. En cuanto empiece a completar página tras página de oraciones contestadas, su fe será más grande y más profunda.

Ore por otros (intercesión). La Biblia llama a los cristianos a interceder por otros, a orar unos por otros. Así que ore por su familia, parientes y amigos; ore por su pastor, por los líderes de su iglesia, por misioneros y por todos los que estén involucrados en la obra del reino; ore por los líderes, maestros y patrones; ore por las personas a quienes les habrá de testificar; ore por los que no le agradan y por aquellos a quien usted no les cae bien, y ¡vea lo que pasa! (lea estos pasajes: 1 Samuel 12:23; Job 42:10; Romanos 15:30; Efesios 1:15-16).

Tal vez quiera dividir los días de la semana en su libreta y orar por diferentes personas en diferentes días. Consígase un mapamundi y ore por los misioneros diseminados en todas partes del mundo.

R. *Ríndase a la voluntad de Dios*. Su tiempo de oración debe terminar con una renovación de su compromiso con el Señor. Reafirme el señorío de Jesucristo en su vida y empeñe su sumisión y obediencia para ese día a él (vea Romanos 12:1-2; 14:8-9).

Algunos pensamientos finales

- *Varíe su plan*. Cambie de métodos de vez en cuando. No caiga en la trampa de aplicar un método en lugar de conseguir conocer a Cristo.
- *Pase todo un devocional en acción de gracias*. A veces, cuando orar parece ser difícil y pesado, pase su tiempo simplemente dándole gracias a Dios por quién es él y lo que ha hecho. El Salmo 145 es un buen ejemplo de eso: el salmista no pidió nada para sí mismo. O simplemente cántele a Dios algunos cantos de alabanza.
- *Pase todo un devocional memorizando las Escrituras*. Habrá veces en las que quiera pasar todo el tiempo de su devocional memorizando las Escrituras y dejando que Dios le hable de esta especial y desafiante manera.
- *Recuerde su propósito principal: lograr conocer a Cristo*. No permita que su devocional se convierta en un ejercicio legalista, «en cumplir con su deber». Recuerde que está ahí para reunirse con Jesucristo y lograr conocerlo.

Cómo tratar los problemas comunes en relación con su devocional

Tan pronto como empiece su devocional o incluso se comprometa con tener uno regularmente, se va a encontrar con problemas y dificultades. ¿Por qué? Porque Satanás va a luchar contra usted con uñas y dientes para impedirle su cita diaria con el Señor. Él odia más que a nadie a un cristiano que se arrodilla para tratar con Dios, porque sabe que tales creyentes son peligrosos para su reino de tinieblas. Queremos tratar cuatro de los problemas más comunes:

- El problema de la disciplina.
- El problema de las sequías.

- El problema de la concentración.
- El problema del desánimo.

El problema de la disciplina

Quizás uno de los problemas más grandes y comunes que enfrentará es el de la disciplina de levantarse de la cama por la mañana para tener su devocional. Es lo que podríamos llamar «la batalla de las sábanas», que encara justo en el momento en que se levanta, y tiene que ver con la pregunta: «¿Voy a tener la fuerza de voluntad para salir de la cama para tener mi devocional?»

El diablo va a exagerar lo cansado que usted pueda estar, y cuando el diablo y la carne hacen equipo, la verdad es que se hace difícil tomar la decisión correcta. A continuación le damos algunos indicios para superar este interrogante.

1. *Acuéstese temprano*. Para poder levantarse temprano, la mejor ayuda es acostarse temprano (vea Salmos 127:2). No es bueno consumir la vela por los extremos. A muchos cristianos les gusta la nocturnidad, y con frecuencia se quedan viendo televisión, de manera tal que se les dificulta levantarse por la mañana. Dawson Trotman sabía esto, y había fijado una hora para acostarse. Aun cuando tuviera visitas en su casa, se excusaba y se iba a acostar, porque la prioridad era su cita con Cristo temprano por la mañana.

2. *Levántese de inmediato y camine*. Por lo general la batalla se gana o se pierde en los primeros segundos. Si se detiene a pensarlo, ya habrá perdido. A un famoso cristiano se le preguntó: «¿Ora usted por conseguir levantarse para tener su devocional?» «No, ¡simplemente me levanto!», fue su respuesta. Cuando se levanta por la mañana, ese no es el momento de orar por decidir levantarse. Si quiere orar por eso, hágalo la noche anterior, y ore para tener la fuerza de voluntad para levantarse.

3. *Sea consciente de los «ladrones de tiempo»*. Póngase en guardia contra las cosas que le impedirán tener su devocional. De estos ladrones, el noventa por ciento se encuentran la noche anterior, y de estos, la televisión es la culpable número uno. Otro ladrón es esa actitud de que el devocional es «bonito pero no necesario». Téngalo en cuenta: su prioridad es vencer a los ladrones.

4. *Acuéstese teniendo en mente las Escrituras*. Váyase a dormir con el pensamiento de «Nos vemos en la mañana, Señor». Pídale a Dios que lo levante con sus primeros pensamientos enfocados en él. La mejor manera de hacerlo es irse a dormir teniendo un versículo de las Escrituras en su mente (vea Josué 1:8; Salmo 1:2).

El problema de las temporadas de sequía

Otro problema común para los que apenas empiezan a tener su devocional es que no les parece sacar mucho provecho de ellos. Sienten que se ha convertido en «la batalla del palabrerío». Esta dificultad se puede superar cuando comprenden que nunca deben juzgar su devocional a partir de sus emociones. Las emociones pueden mentir; los sentimientos van y vienen. Por eso no deben depender de sus sentimientos. Si van a tener su devocional solo cuando «se sientan» a gusto, el diablo se va a asegurar de que nunca se sientan así.

De hecho, algunos días van a parecer más blandos. Otros van a pensar que el cielo se ha abierto y que usted está partiendo con la hueste de innumerables ángeles, cantando alabanzas a Dios. Pero no espere tener una grande y gloriosa «experiencia» cada mañana. Como dice Billie Hanks: «Es difícil pegarle al ganso espiritual por la mañana».

Sin embargo, los largos períodos de sequedad en su devocional pueden ser el resultado de una de las siguientes causas:

1. *Desobediencia*. Puede tratarse de un pecado de su vida que no haya confesado. Dios no le va a mostrar nada nuevo hasta que haga lo que ya le ha revelado. Si Dios le mostró algo en su Palabra hace tres meses, y usted todavía está luchando con eso, entonces no le va a mostrar el siguiente paso hasta que no haya dado el primero.

2. *Su condición física*. Quizá no ha descansado lo suficiente. Si va a su devocional cansado y medio dormido, no va a obtener mucho de él. De hecho, hay una estrecha relación entre lo físico y lo espiritual. A veces la cosa más espiritual que podrá hacer es irse a acostar temprano cada noche.

3. *Intentar hacerlo demasiado aprisa*. Samuel Chadwick dijo una vez: «La prisa es la muerte del que ora». La misma verdad tiene que ver con su devocional. Con su ojo corriendo al reloj echará a perder su tiempo con el Señor. ¡Vaya a él por calidad y volumen, no por distancia en kilómetros!

4. *Lo hace por rutina*. Cuando su devocional se convierte en un ritual en vez de ser una relación, se ha muerto. Cuando es un ejercicio legalista en lugar de ser una anticipación auténtica de su reunión con el Dios viviente, es un grave peligro. Cuando llega a ese punto empieza a reunirse con un hábito, no con el Señor. Así que sea flexible, cambie de planes y de rutina, quizás hasta de lugar. Pero tener variedad y mantenerla es interesante, para usted y para el Señor.

5. *No compartir sus descubrimientos con otros.* Un hecho de la naturaleza es que un estanque que solo recibe agua y no la deja circular, se estancará. La misma verdad se aplica a los cristianos que siempre están recibiendo y nunca dan. De hecho, una paradoja divina es que cuando más damos, más recibimos. Empiece a compartir los descubrimientos de sus devocionales con otros y verá lo que pasa.

Si después de examinar su vida y su manera de vivir aún así no consigue nada de su devocional, hable con Dios al respecto. Pero sea honesto y admítalo delante de él. Recuerde que lleva tiempo desarrollar una relación con Dios como con la gente. Usted tiene que verlo en todo tipo de circunstancias para poder conocerlo bien. No importa lo que haga, no se dé por vencido. Escuche, en cambio, el consejo de Pablo: «No nos cansemos de hacer el bien, porque si no nos desanimamos, a su debido tiempo cosecharemos» (Gálatas 6:9).

El problema de la concentración

En cuanto haya logrado vencer en las dos batallas anteriores, el diablo lo va a atacar enviándole muchas distracciones por el camino. Ahora va a tener que luchar «la batalla del cerebro», porque su mente intentará vagar por todas direcciones durante su devocional. La falta de sueño, la luz mortecina, las tensiones con otros, las preocupaciones y un millón de cosillas que «simplemente no puede olvidar» lo van a molestar. A continuación le damos algunas sugerencias para que pueda vencer este problema:

- Asegúrese de estar completamente despierto. Báñese, échese agua fría en la cara o haga algunos ejercicios.
- Lea y ore en voz alta.
- Camine mientras ora. Si está de pie no se va a caer de sueño, así que camine por su entorno.
- Tenga un cuaderno a la mano. Cuando se acuerde de algo o algo le venga a la mente, escríbalo y retorne a su devocional. Así no se tendrá que preocupar por olvidar lo que recordó.

El problema del desánimo

Por lejano que esté su problema más grande, su forcejeo va a ser perseverar en su devocional. Nada es más difícil de mantener con regularidad, porque el mundo, la carne y el diablo van a trabajar juntos para apartarlo de él. Cuando las presiones aumenten y se dé cuenta de que tiene muchas cosas qué hacer, ¿en qué el diablo lo va a tentar, como regla general? En la cosa más importante: su devocional.

Los ataques más viciosos de Satanás van a llegar contra las áreas que tienen que ver con ser diligente en su devocional. Él sabe que si puede apartarlo de la Palabra, entonces lo habrá vencido. Si puede apartarlo de pasar un tiempo de calidad con el Señor, al inicio del día, entonces ha ganado la batalla, porque sabe que después usted no le presentará ninguna resistencia.

Por lo general, abandonar su devocional es el primer paso en los resbalones espirituales. Muchos cristianos tibios han dicho «todo empezó cuando empecé a descuidar mi devocional». Esa es la razón de que Cristo esté a la puerta y llame, pidiendo que pasemos tiempo juntos (vea Apocalipsis 3:20).

Al ministrar a otros, nunca podrá llevar espiritualmente a otra persona más lejos de donde usted ha llegado. Si no recibe una estimulación del Señor cada día, no va a tener nada para compartir con otros y no podrá ayudarle a nadie a crecer.

¿Cómo se puede vencer este serio problema? A continuación le damos algunas sugerencias prácticas.

1. *Considere hacer un pacto con Dios*. Haga un pacto serio con Dios de pasar un tiempo juntos durante el día. Sin embargo, considere, en principio, lo serio de hacer tal voto. Repase la advertencia de Salomón: «Cuando hagas una promesa a Dios no tardes en cumplirla. A él no le agradan los necios. Cumple lo que prometes. Porque vale más no prometer, que prometer y no cumplir» (Eclesiastés 5.4-5). El que otros hagan un devocional no lo obliga a hacer un pacto para tener el suyo, sino que lo hace porque sabe que Jesucristo quiere tener una cita con usted.

2. *Póngalo en su agenda semanal*. De antemano separe un tiempo para tener una cita diaria con Dios tal como lo haría para asistir a una cita con el doctor o a una cena de negocios.

3. *Manténgase expectante y prepárese para afrontar las excusas y los ataques diabólicos*. Estar prevenido significa estar armado. Entienda que el diablo intentará desviarlo de su tiempo con el Señor y que lo atacará por todos los frentes. Así que siga el lema de los boy scouts, y esté «¡siempre listo!» R. G. Lee solía decir: «Si te levantas por la mañana y no te encuentras con el diablo cara a cara, ¡simplemente significa que vas por delante en la misma dirección!»

4. *Deje su Biblia abierta, la noche anterior, en el pasaje que quiere leer por la mañana*. Cuando se vaya a acostar, deje abierta su Biblia en el pasaje que quiere leer en su devocional matutino. Luego, cuando se levante por la ma-

ñana, la Biblia abierta le servirá como un recordatorio para que tenga su devocional.

Conclusión

¿Qué pasa si lo deja de hacer un día? No se preocupe si llega a pasar en algunas ocasiones. No tenga por eso sentimientos de culpa. «Ninguna condenación hay para los que están en Cristo Jesús» (Romanos 8:1). No sea legalista, el hecho de que lo deje de hacer un día no lo hace un fracasado. No se dé por vencido. Si deja de hacer una comida eso no significa que deba dejar de comer porque es inconsistente. Simplemente come un poco más la próxima vez y sigue de allí en adelante. El mismo ejemplo sirve para su devocional.

Los psicólogos dicen que por lo general nos lleva tres semanas lograr familiarizarnos con una nueva tarea o hábito, y que lleva otras tres semanas que se convierta en un hábito. Así que la razón por la cual muchas personas no tuvieron éxito en su devocional se debe a que nunca pasaron la barrera de las seis semanas. Para que su devocional se convierta en un hábito, usted debe tener uno diario por lo menos durante seis semanas.

1. *Haga una sólida resolución (un voto).* Debe empezar siempre con una fuerte y decidida iniciativa. Si empieza sin entusiasmo, nunca lo logrará. Haga una declaración pública hablándoles a otros de su decisión.

2. *Nunca se permita hacer una excepción hasta que el nuevo hábito se haya arraigado firmemente en su vida.* Un hábito es como una bola de estambre. Cada vez que la deja caer, muchas hebras se desenredan. Así que nunca se permita que ocurra el «solo por esta vez». El acto de rendirse debilita la voluntad y fortalece la falta de autodominio.

3. *Aproveche toda oportunidad e inclinación para practicar su nuevo hábito.* Siempre que consiga el más leve impulso para practicar su nuevo hábito, hágalo y después perfecciónelo. No espere, sino aproveche cada oportunidad de reafirmar su hábito. No hace ningún daño practicar demasiado un nuevo hábito cuando lo está iniciando.

A estas sugerencias yo le agregaría una más:

4. *Dependa del poder de Dios.* Con todo lo que se ha hecho y dicho, usted debe saber que está en medio de una batalla espiritual y que solo puede tener éxito en el poder del Espíritu Santo de Dios. Por eso ore para que Dios lo fortalezca y usted dependa de él, y que lo ayude a desarrollar este hábito para su gloria.

Si está convencido de que esto es lo que necesita hacer, ¿podría decir la siguiente oración?

Una oración de compromiso

«Señor, me comprometo a pasar un tiempo definido contigo cada día, cueste lo que costare. Dependo de ti para que me fortalezcas y me ayudes a ser perseverante».

_____

(firma)

APÉNDICE
B

Preguntas generales para un estudio biográfico

A continuación le presentamos una lista de 70 preguntas que puede aplicar en el quinto paso de un estudio biográfico. No intente usar todas las preguntas enlistadas aquí en un solo estudio. Dependiendo de lo profundo de su estudio y del tiempo que disponga, seleccione las preguntas cuyas respuestas le gustaría tener. Las preguntas están clasificadas en siete divisiones principales para facilitar su uso. Si tiene en mente otras preguntas, agréguelas a la lista.

Fama

1. ¿Quién escribió lo que sabemos de esta persona?
2. ¿Qué dijo la gente acerca de él o ella? ¿Qué dijeron sus amigos acerca de él?
3. ¿Qué dijeron sus enemigos acerca de él?
4. ¿Qué dijo su familia (esposa, esposo, hijos, hermanos, hermanas, parientes) acerca de él?
5. ¿Qué dijo Dios acerca de él?
6. ¿Por qué piensa que Dios permitió que esta persona esté mencionada en la Biblia?

Pruebas de carácter

7. ¿Cuáles fueron sus metas y motivos?
8. ¿Cómo era en su casa?
9. ¿Cómo respondió al fracaso? ¿Se desanimaba con facilidad?
10. ¿Cómo respondió a la adversidad? ¿Manejó bien la crítica?
11. ¿Cómo respondió al éxito? ¿Se enorgullecía cuando lo alababan?
12. ¿Cómo respondió a las trivialidades y cosas mundanas de la vida? ¿Fue fiel en las pequeñas cosas?
13. ¿Qué tan rápido alabó a Dios por las buenas o malas cosas que le sucedieron?
14. ¿Cuán presto obedeció a Dios cuando le dijo que hiciera algo?
15. ¿Qué tan rápido se sometió a la autoridad por Dios ordenada?
16. ¿Cómo era cuando estaba a solas con Dios?

Trasfondo

17. ¿Qué descubrió de su familia y de sus antepasados?

18. ¿Qué significa su nombre? ¿Por qué le pusieron ese nombre? ¿Sufrió algún cambio de nombre?

19. ¿A quién se parecía cuando estaba en casa? ¿Dónde lo criaron?

20. ¿Cuáles fueron las características de sus parientes? ¿Ejercieron alguna influencia en él?

21. ¿Pasó algo especial en su nacimiento?

22. ¿Dónde vivió? ¿Cómo era en su vida diaria?

23. ¿Estuvo expuesto a otras culturas? ¿Lo afectaron de alguna manera?

24. ¿Cómo eran las condiciones de su nación, en lo político y espiritual, durante su vida?

25. ¿Qué clase de entrenamiento recibió? ¿Recibió alguna instrucción?

26. ¿A qué se dedicaba?

27. ¿Cuánto tiempo vivió? ¿Dónde murió? ¿Cómo murió?

Eventos significativos

28. ¿Hubo alguna crisis grande en su vida? ¿Cómo la manejó?

29. ¿Cuáles son los grandes logros por los que se lo recuerda?

30. ¿Experimentó un llamado divino? ¿Cómo respondió a él?

31. ¿Qué decisión crucial tomó? ¿Cómo lo afectó? ¿Y a otros?

32. ¿Sufrió algún problema recurrente en su vida?

33. ¿Dónde tuvo éxito? ¿Dónde cayó? ¿Por qué?

34. ¿De qué manera lo afectaron las circunstancias y el ambiente?

35. ¿Qué papel desempeñó en la historia del plan de Dios?

36. ¿Creía en la soberanía de Dios? (el control de Dios sobre los acontecimientos).

Relaciones

37. ¿Cómo se llevaba con las demás personas? ¿Era una persona solitaria? ¿Era una persona de equipo?

38. ¿Cómo trataba a los demás? ¿Los manipulaba o los servía?

39. ¿Cómo era su esposo o esposa? ¿Cómo influyó él o ella en su persona?

40. ¿Qué les gustaba a sus hijos? ¿Cómo influyeron en él?

41. ¿Quiénes fueron sus amigos íntimos? ¿Cómo eran ellos? ¿Cómo influyeron en él?

42. ¿Quiénes eran sus enemigos? ¿Cómo eran ellos? ¿Cómo influyeron en él?

43. ¿Qué influencia ejerció él en otros? ¿En su nación? ¿En otra nación?

44. ¿Cuidó a su familia? ¿Cómo trataba a sus hijos?

45. ¿Sus amigos y familia lo ayudaron o lo estorbaron para servir al Señor?

46. ¿Entrenó a alguien para que tomara su lugar? ¿Dejó después de él a un «Timoteo» (discípulo)?

Personalidad

47. ¿Qué tipo de persona era? ¿Qué lo hizo ser de esa manera?

48. ¿Era de temperamento colérico, melancólico, sanguíneo o flemático?

49. ¿Cuáles eran los aspectos sobresalientes de su carácter? ¿Qué tratos recibió?

50. ¿Mostró en su vida algún desarrollo de carácter al paso del tiempo? ¿Se mantuvo creciendo y progresando en su carácter?

51. ¿Cuáles eran sus faltas específicas y sus debilidades?

52. ¿Cuáles fueron sus pecados específicos? ¿Qué pasos dio para encaminarse a esos pecados?

53. ¿En qué área sostuvo su más grande batalla: en la lujuria de la carne, la lujuria de los ojos o en el orgullo de la vida?

54. ¿Cuál fue el resultado de sus pecados y debilidades?

55. ¿Alguna vez triunfó sobre sus pecados y debilidades particulares?

56. ¿Qué características le dieron el éxito o lo hicieron fracasar?

57. ¿Fue él una persona de Cristo?

Vida espiritual

58. ¿Qué encuentros personales tuvo con Dios que registren las Escrituras?

59. ¿Cuál fue el propósito de su vida? ¿Se esforzó en darle gloria a Dios?

60. ¿Qué mensaje predicó y vivió? ¿Su mensaje estaba a favor o en contra de Cristo o de Dios?

61. ¿Vivió separado de la gente?

62. ¿En qué creía? ¿Cuáles fueron las grandes enseñanzas que Dios le dio?

63. ¿Por qué cree que Dios lo trató de la manera en que lo hizo?

64. ¿Cuál fue su actitud hacia la Palabra de Dios? ¿Conocía las Escrituras?

65. ¿Qué tipo de vida de oración tuvo? ¿Tuvo compañerismo íntimo con Dios?

66. ¿Era valiente para compartir su testimonio? ¿Testificaba con valor en tiempos de persecución?

67. ¿Qué tan grande era su fe en Dios? ¿Cómo lo demostró? ¿Le hizo Dios algunas promesas específicas?

68. ¿Era buen administrador de lo que Dios le dio: tiempo, riqueza, talentos?

69. ¿Era una persona llena del Espíritu? ¿Cuáles eran sus dones espirituales? ¿Los usaba?

70. ¿Anhelaba hacer la voluntad de Dios, voluntariamente y sin cuestionar?

APÉNDICE C

Lista de cualidades de carácter, positivas y negativas

A continuación le presentamos un listado de 85 características positivas para que las busque en una persona que usted esté estudiando, y 114 características negativas o pecados. Esta lista le será útil para completar el sexto paso del estudio biográfico.

Características positivas para buscar en una persona.

1. Honestidad
2. Integridad
3. Confiabilidad
4. Lealtad
5. Dedicación
6. Fidelidad
7. Digna de confianza
8. Sinceridad
9. Diligencia
10. Ordenado
11. Rectitud
12. Imparcialidad
13. Obediencia
14. Cortesía
15. Respeto
16. Reverencia
17. Deferencia
18. Gratitud
19. Agradecimiento
20. Sabiduría
21. Discernimiento
22. Sensibilidad
23. Perspectiva
24. Discreción
25. Cuidadoso
26. Precavido
27. Disciplina
28. Frugalidad
29. Buena administración
30. Iniciativa
31. Observador
32. Industrioso
33. Creatividad
34. Entusiasta
35. Positivo
36. Amoroso
37. Amable
38. Paciente
39. Autosacrificio
40. Darse a sí mismo
41. Sacrificado
42. Compasivo
43. Mansedumbre
44. Simpatía
45. Generosidad
46. Perdonador
47. Gentileza
48. Misericordioso
49. Pacificador
50. Sumiso
51. Ameno
52. Considerado

53. Autocontrol
54. Cordial
55. Determinado
56. Estable
57. Vigoroso
58. Cuidadoso
59. Seriedad
60. Balanceado
61. Moderado
62. Castidad
63. Pureza
64. Limpieza
65. Modestia
66. Alegría
67. Optimismo
68. Confiable
69. Valentía
70. Animosidad
71. Persona de fe
72. Arrojo
73. Perseverancia
74. Humildad
75. Calmado
76. Apacible
77. Independiente
78. Tolerante
79. Contentamiento
80. No quejumbroso
81. Flexibilidad
82. No transigente
83. Siervo
84. Sentido del humor
85. Descrito en las Bienaventuranzas

Características negativas y pecados que puede buscar en un estudio biográfico

1. Mentiroso
2. Incrédulo
3. No confiable
4. Difamador
5. Calumniador
6. Chismoso
7. Murmurador
8. Hace concesiones
9. Adulador
10. Perezoso
11. Holgazán
12. Frívolo
13. Hipócrita
14. Astuto, mañoso
15. Embustero
16. Deshonesto
17. Injusto
18. Malhablado
19. Áspero
20. Rudo, bruto
21. Maleducado
22. Rebelde
23. Metiche
24. Tirano
25. Desobediente
26. Desagradecido
27. Murmurador
28. Corto de vista
29. Tibio
30. Poco entusiasta
31. Tonto
32. Parlanchín
33. Idólatra
34. Indiferente
35. Olvidadizo
36. Despilfarrador
37. Cruel
38. Inhumano
39. Egoísta
40. Malicioso
41. Poco amable
42. Insensible
43. Negligente
44. Desalmado

45. Prejuicioso
46. No perdonador
47. Severo
48. Insociable
49. Rencoroso
50. Fastidioso
51. Irritable
52. Indiferente
53. Apático
54. Ocioso
55. Cobarde
56. Moralmente relajado
57. Impulsivo
58. Falto de sentido del humor
59. Voluble
60. De doble ánimo
61. Titubeante
62. Obstinado
63. Orgulloso
64. Engreído
65. Terco
66. Fanfarrón
67. Sensual
68. Falto de modestia
69. Glotón
70. Bebedor
71. Libertino
72. Inmoral
73. Sucio
74. Adúltero
75. Fornicario
76. Codicioso
77. Ambicioso
78. Tacaño
79. Miedoso
80. Arrogante

81. Dogmático
82. Vano
83. Celoso
84. Envidioso
85. Sarcástico
86. Escarnecedor
87. Blasfemo
88. Amargado
89. Violento
90. Quejumbroso
91. Pospone tareas
92. Disputador
93. Irrespetuoso
94. Manipulador
95. Fanático
96. Mundano
97. Se preocupa por todo
98. Se goza en lo malo
99. Ansioso de poder
100. Aires de superioridad
101. Indisciplinado
102. Apóstata
103. Miedoso a los hombres
104. Presumido
105. Profano
106. Legalista
107. Ignorante de la doctrina
108. Amigo del mundo
109. Enojado sin ninguna razón
110. Se avergüenza de Cristo
111. Dudoso
112. De espíritu independiente
113. Ama la alabanza de los hombres
114. Se olvida de Dios

APÉNDICE D

Lista parcial de personajes bíblicos

Las siguientes tres listas incluyen a los principales hombres de la Biblia y a otros no principales pero importantes y las prominentes mujeres.

Hombres principales de la Biblia

1. Abraham
2. Daniel
3. David
4. Elías
5. Eliseo
6. Ezequiel
7. Esdras
8. Isaías
9. Isaac
10. Jacob
11. Jeremías
12. Jesús
13. Juan (Apóstol)
14. José (A.T.)
15. Josué
16. Moisés
17. Nehemías
18. Pablo
19. Pedro
20. Faraón
21. Sansón
22. Samuel
23. Saúl
24. Salomón

Hombres no principales pero importantes de la Biblia

1. Aarón
2. Abel
3. Abimelec
4. Abner
5. Absalón
6. Acán
7. Adán
8. Acab
9. Ahitofel
10. Amós
11. Ananías
12. Andrés
13. Apolos
14. Apóstoles (cualquiera)
15. Aquila
16. Asa
17. Balaam
18. Bernabé
19. Barzilai
20. Caifás
21. Caleb
22. Elí
23. Esaú
24. Gehazi
25. Gedeón
26. Habacuc
27. Hageo
28. Amán
29. Herodes
30. Ezequías
31. Oseas
32. Jabes
33. Santiago
34. Josafat
35. Jeroboam
36. Joab
37. Job
38. Juan el Bautista

39. Jonás
40. Jonatán
41. Judas Iscariote
42. Jueces (cualquiera)
43. Reyes (cualquiera)
44. Labán
45. Lot
46. Lucas
47. Marcos
48. Mateo
49. Melquisedec
50. Mefiboset
51. Mardoqueo
52. Naamán
53. Natán
54. Noé
55. Esteban
56. Filemón
56. Felipe
57. Poncio Pilato
58. Los profetas (cualquiera)
59. Roboam
60. Samgar
61. Sedequías
62. Silas
63. Sofonías
64. Timoteo
65. Tito
66. Tíquico
67. Uzías
68. Zacarías
69. Zorobabel

Mujeres prominentes de la Biblia

1. Abigail
2. Abisag
3. Ana
4. Betsabé
5. Débora
6. Dalila
7. Dina
8. Dorcas
9. Elizabet
10. Ester
11. Eunice
12. Eva
13. Agar
14. Ana
15. Jezabel
16. Jocabed
17. Lea
18. Lidia
19. Barzilai
20. María (la madre de Jesús)
21. María Magdalena
22. María de Betania
23. Mical
24. Miriam
25. La criada de Naamán
26. Noemí
27. Priscila
28. Reina de Sabá
29. Raquel
30. Rahab
31. Rebeca
32. Rut
33. Safira
34. Sara
35. La sunamita
36. Vasti
37. Céfora

Tampoco se olvide de las mujeres cuyos nombres se citan como:

- «Esposa de _____», como en el caso de la esposa de Lot, o la esposa de Potifar.
- «La hija de_____» como en el caso de la hija de Faraón.
- Varias viudas y mujeres que se encontraron con Jesús, como la mujer del pozo de Sicar.

APÉNDICE E

Una lista de palabras clave para estudiar

La siguiente es una lista de palabras clave, en orden alfabético, que puede usar en su método de estudio bíblico de estudio de palabras (vea capítulo 7).

1. Adopción
2. Adorar
3. Adversario
4. Alma
5. Amor
6. Apóstol
7. Arrepentimiento
8. Bautizar
9. Bendecir
10. Bueno
11. Carne
12. Castigar
13. Compañerismo
14. Confesar
15. Conocer
16. Creer
17. Cristo
18. Cuerpo
19. Descanso
20. Desmayar
21. Discípulo
22. Emanuel
23. Entendimiento
24. Escuchar
25. Esperanza
26. Espíritu
27. Eternidad
28. Evangelio
29. Expiación
30. Favor
31. Fe
32. Gracia
33. Iglesia
34. Imponer las manos
35. Infierno
36. Iniquidad
37. Jehová
38. Jesús
39. Juicio
40. Justo
41. Ley
42. Llamar
43. Lujuria
44. Luz
45. Malo
46. Manifestación
47. Manso
48. Matrimonio
49. Mediador
50. Mente
51. Miedo
52. Milagro
53. Ministro
54. Mirar
55. Misterio
56. Misericordia
57. Morir
58. Muerte
59. Mundo
60. Nombre
61. Obedecer
62. Pacto
63. Palabra
64. Pascua

65. Paz
66. Pecado
67. Perfecto
68. Predicar
69. Propiciación
70. Prueba
71. Reconciliar
72. Redimir
73. Reino
74. Remanente
75. Resurrección
76. Sábado
77. Sabiduría

78. Sacrificio
79. Sagrado
80. Salvar
81. Santificar
82. Santo
83. Señor
84. Siervo
85. Tentación
86. Testigo
87. Vano
88. Verdad
89. Vida
90. Visión

APÉNDICE F

Qué buscar en su análisis de un capítulo

A continuación le damos una breve lista de 30 artículos para que los tome en cuenta al hacer sus observaciones respecto de su método de estudio bíblico de análisis de un capítulo:

1. Haga las seis preguntas vitales para la observación: ¿Qué? ¿Quién? ¿Dónde? ¿Cómo? ¿Cuándo? ¿Por qué?
2. Busque las palabras clave.
3. Busque las palabras y frases que se repitan.
4. Busque las preguntas que se hayan hecho.
5. Busque las respuestas que se hayan dado.
6. Busque mandamientos.
7. Busque advertencias.
8. Busque comparaciones o cosas que parezcan serlo.
9. Busque contrastes, cosas que sean diferentes.
10. Busque ilustraciones.
11. Busque causas, efectos y razones para hacer las cosas.
12. Busque promesas y sus condiciones para su cumplimiento.
13. Busque un curso de lo general a lo específico.
14. Busque un curso de lo específico a lo general.
15. Busque los pasos del desarrollo de una narración o biografía.
16. Busque listas de cosas.
17. Busque resultados.
18. Busque consejos, amonestaciones y actitudes.
19. Busque el tono del pasaje, la atmósfera emocional.
20. Busque conjunciones, artículos y preposiciones.
21. Busque explicaciones.
22. Busque en el Nuevo Testamento citas del Antiguo Testamento.
23. Busque la forma literaria.
24. Busque paradojas.
25. Busque énfasis mediante el uso del espacio, las proporciones.
26. Busque exageraciones o hipérboles.
27. Busque la construcción gramatical de cada oración.

28. Busque los sucesos que ocurrieron en esos tiempos.
29. Busque la fuerza de los verbos.
30. Busque cualquier cosa o experiencia inusual.

Las anteriores son solo unas cuantas cosas que usted puede investigar en el paso de observación en su estudio bíblico. No permita que esta lista lo desanime. No debe intentar hacer cada uno de los puntos. Le llevará mucho tiempo adquirir el hábito de ver cada vez más cosas del texto. Mientras más practique la observación, más agudo llegará a ser. Así que recuerde: busque, investigue, observe ¡y luego escriba sus hallazgos!

APÉNDICE G

Plan para estudiar la Biblia sistemáticamente

Una vez que se haya comprometido consigo mismo para estudiar la Biblia, podría empezar a preguntarse: «¿Qué hago ahora?» Hay tanto en los 66 libros de la Biblia que ¿por dónde debería empezar y qué plan debería seguir?

Cada capítulo de este libro tiene una tarea que se sugiere para ese tipo de estudio bíblico en particular. En este apéndice se sugiere un plan a largo plazo para estudiar la Biblia de modo sistemático. Por favor, use este plan con plena libertad. No sienta que tiene que seguirlo con rigidez. Siéntase libre de hacerle cambios, sustituciones, omisiones o de agregarle o interrumpirlo.

El siguiente plan se organizó para 48 semanas por año (con 4 semanas de vacaciones) para 4 años.

Primer año¡

Semanas 1-4   *Método devocional:*
        Salmo 15
        Salmo 34
        Romanos 12
        1 Juan 4

Semanas 5-10   *Método de resumen de capítulo:*
        1 Juan 1
        2 Timoteo 2
        Juan 17
        1 Corintios 13
        Efesios 1
        Hageo 1

Semanas 11-16   *Método de cualidad de carácter:*
        Honestidad
        Humildad
        Servicio
        Egoísmo
        Fidelidad
        Preocupación

Semanas 17-22 *Método temático*:
    Las oraciones de Pablo
    Obediencia
    Conocer la voluntad de Dios
    La alabanza al Señor en los Salmos
    Las personas sabias de Proverbios
    Fidelidad en el Nuevo Testamento

Semanas 23-28 *Método biográfico*:
    Daniel
    Estaban
    Bernabé
    Gedeón
    Rut
    Nehemías

Semanas 29-32 *Método de tópicos*:
    Dinero: posesiones materiales
    Oración
    La familia
    El señorío de Cristo (estudio doctrinal)

Semanas 33-36 *Método de estudio de palabras*:
    Testigo
    Discípulo
    Amor
    Redención

Semanas 37-38 *Método de trasfondo de un libro*:
    Colosenses
    Hageo

Semanas 39-45 *Métodos de estudio de un libro,
análisis de capítulo, síntesis de un libro*:
    1 Tesalonicenses
    Semana 39: método de estudio de un libro
    Semana 40-44: método de análisis de un capítulo
    Semana 45: método de síntesis de un libro

Semanas 46-48   *Método de análisis versículo por versículo*:
                 Continúe con 1 Timoteo

Segundo año

Del segundo año en adelante podrá estudiar los libros de la Biblia principalmente con los otros métodos que se entrelazan para cambiar de ritmo. Notará que cada vez que se sugiere un libro de la Biblia, dos semanas más tarde se suman al número de capítulos de ese libro para el estudio que lo precede y que se sintetiza en el que le sigue. ¡Hágalo en el orden que lo desee, haciendo intercambios y sustituyendo con libertad de acuerdo con sus necesidades e intereses!

2 Timoteo	6 semanas
Evangelio de Marcos	18 semanas
Colosenses	6 semanas
Cuatro estudios de tópicos	4 semanas
Cuatro estudios biográficos	4 semanas
Cuatro estudios de palabras	4 semanas
Estudio de análisis de un capítulo versículo por versículo, del Salmo 145,	3 semanas
Tres estudios de su elección	3 semanas
Total	48 semanas

Tercer año

Filipenses	6 semanas
Romanos	18 semanas
1 de Juan	7 semanas
Cuatro estudios de tópicos	4 semanas
Cuatro estudios biográficos	4 semanas
Cuatro estudios de palabras	4 semanas
Estudio de análisis de un capítulo versículo por versículo, del Salmo 139	3 semanas
Dos estudios de su elección	2 semanas
Total	48 semanas

Cuarto año

Efesios	8 semanas
Hechos de los Apóstoles	30 semanas
Dos estudios de tópicos	2 semanas
Dos estudios de palabras	2 semanas
Estudio de análisis de un capítulo versículo por versículo de 3 de Juan	2 semanas
Dos estudios de su elección	4 semanas
Total	48 semanas

Del quinto año en adelante

¡Ahora va por su propia cuenta! Escoja los libros y el tipo de estudio que le interese y que le pueda ayudar a crecer. Mi oración es para que estas sugerencias lo motiven a empezar una vida dinámica en su estudio bíblico personal.

Catálogo gratis de recursos adicionales de Rick Warren en:

Pastors.com
Foothill Ranch, CA 92610
Teléfono: (949) 829-0300 - (866) 829-0300
Fax: 949/ 829.0400
e-mail: info@pastors.com
Página de Internet: www.pastors.com

DISFRUTE DE OTRAS PUBLICACIONES DE EDITORIAL VIDA

Desde 1946, Editorial Vida es fiel amiga del pueblo hispano a través de la mejor literatura evangélica. Editorial Vida publica libros prácticos y de sólidas doctrinas que enriquecen el caudal de conocimiento de sus lectores.

Nuestras Biblias de Estudio poseen características que ayudan al lector a crecer en el conocimiento de las Sagradas Escrituras y a comprenderlas mejor. Vida Nueva es el más completo y actualizado plan de estudio de Escuela Dominical y el mejor recurso educativo en español. Además, nuestra serie de grabaciones de alabanzas y adoración, Vida Music renueva su espíritu y llena su alma de gratitud a Dios.

En las siguientes páginas se describen otras excelentes publicaciones producidas especialmente para usted. Adquiera productos de Editorial Vida en su librería cristiana más cercana.

Vida

DEDICADOS A LA EXCELENCIA

UNA VIDA CON PROPÓSITO

RickWarren, reconocido autor de *Una Iglesia con Propósito*, plantea ahora un nuevo reto al creyente que quiere alcanzar una vida victoriosa. La obra enfoca la edificación del individuo como parte integral del proceso formador del cuerpo de Cristo. Cada ser humano tiene algo que le inspira, motiva o impulsa a actuar a través de su existencia. Y eso es lo que usted podrá descubrir cuando lea las páginas de *Una vida con propósito*.

0-8297-3786-3

Si quieres caminar sobre las aguas, tienes que salir de la barca

Cristo caminó sobre las aguas con éxito. Si quieres hacerlo solo hay un requisito: *Si quieres caminar sobre las aguas, tienes que salir de la barca.* Hoy Jesús te extiende una invitación a enfrentar tus temores, descubrir el llamado de Dios para tu vida y experimentar su poder.

0-8297-3536-4

Nos agradaría recibir noticias suyas.
Por favor, envíe sus comentarios sobre este libro
a la dirección que aparece a continuación.
Muchas gracias.

Vida@zondervan.com
www.editorialvida.com